いまこそ知りたい

平和への権利

戦争のない世界・
人間の安全保障を
実現するために

48のQ&A

平和への権利国際キャンペーン・
日本実行委員会［編著］

合同出版

読者のみなさまへ

最近の日本は、尖閣諸島や竹島問題などをはじめ、周辺諸国との対立が目立っています。安倍政権は特定秘密保護法を制定し、集団的自衛権の行使を認めるために憲法解釈の変更を閣議決定しました。いま、日本の平和主義は根幹から揺らいでいます。

本来、国家の安全保障に関わる問題は、国民一人ひとりに深く関わる問題であり、政府が勝手に決めることはできないはずです。

翻って、２００３年のイラク戦争をきっかけに、平和の問題を自分自身の問題として捉えようという視点から、平和を個人の権利ととらえ、この「平和への権利」を国際人権にしようという動きが世界で起こりました。それが現在、国連人権理事会で審議されている「国連平和への権利宣言」につながっています。

戦争や平和の問題をめぐっては、政府と国民のあいだで、国益の考え方や、個人の生命の重みに対する考え方が違うということが往々にしてあります。一方、日本国憲法前文には、「政府の行為によって再び戦争の惨禍が起こることのないように」というフレーズがあります。戦争や平和の問題を政府まかせにしてしまうことへの警鐘です。そしてそれを具体的な言葉にしたのが、平和的生存権や平和への権利なのです。

この本は、現在、国連で議論されている「平和への権利」の内容をくわしく紹介し、それが日本と世界の平和実現のためにどのように役立つものかを考えるための本です。この本を通じて、平和を求める国際的な動きを感じ取っていただき、日本と世界の平和のために役立つ、「平和への権利」実現に向けた機運が高まれば幸いです。

平和への権利国際キャンペーン・日本実行委員会

（編者を代表して）笹本　潤

いまこそ知りたい

平和への権利 48のQ&A……目次

第1章 平和への権利とはなんですか？

第2章 平和への権利国連宣言はどんな世界をめざしているのですか?

第3章 平和への権利は国際社会にどんな影響を与えますか？

第4章 平和への権利と日本国憲法の関係について教えてください

第5章 私たちにとっての平和への権利とは？ 平和への権利の使い方

第1章

平和への権利とはなんですか?

Q 1

「平和への権利国連宣言」とはなんですか?

「平和への権利」(Right to Peace)とは、一人ひとりが平和のうちに生きることができるよう国家や国際社会に要求できる権利です。それを国連で権利として宣言することで国際的な人権にしようということが国連の場で話し合われています。

現在は、スイスのジュネーヴにある国連人権理事会で、平和への権利が審議されています。人権理事会は、世界各地で起こっている人権問題を議論する場で、新しい国際的人権をつくるときにもまずはここで審議されます。

人権理事会の中に15人の専門家からなる諮問委員会があります。この諮問委員会が、2012年4月に人権理事会の審議のベースとなっている「平和への権利国連宣言草案」(諮問委員会草案、巻末参照)を作成して、人権理事会に提出しました。

「武力の行使を禁止する」という原則は、現在の国連憲章(2条4項)でも、日本国憲法(9条1項)でも共通のルールとなっていますが、平和への権利は、それをさらに実効性あるものにするために、「人権」という側面から、武力の行使を制限しようとするものです。さらに平和への権利では、「国家に武力の行使をさせない」だけでなく、「恐怖と欠乏からの自由」(世界人権宣言、日本国憲法前文)を実現させるために、「軍縮や平和教育をおこなうこと」「飢餓や貧困などを克服すること」も幅広く権利と考えます。ただ戦争がない状態を維持するだけでなく、このように積極的に平和を実現することこそが、真に平和な世界をもたらすと考えるのです。

平和への権利国連宣言は、もともとは、国際ＮＧＯや専門家などの市民が中心となって原案が作成され、それと並行して、スイスのジュネーヴにある国連人権理事会で正式に審議されるようになりました。人権理事会では、２００８年以来、平和への権利を国際法典にしようと、平和への権利促進決議が採決されていますが、平和を人権とすることを認めない国や、軍事力の行使に対する制限をきらう国もあります（Q29参照）。国連で採択されるかどうかは予断を許さない状況になっています。２０１４年7月には、第2回「平和への権利・作業部会」が人権理事会で開かれ、平和への権利について集中的に審議されました。

平和への権利国連宣言の採択の鍵を握っているのが、じつは日本国憲法です。平和の問題を政府まかせにせずに、国民一人ひとりの問題とする考え方は、日本国憲法前文が先駆的に指摘しています。そして「平和のうちに生存する権利」（平和的生存権）も、国連に先駆けて日本国憲法前文が掲げ、これを使って裁判も行われてきました。また、日本の平和的生存権は「恐怖と欠乏から免かれ」る権利でもあります。平和への権利と同じように、単に戦争が起こらない平和を目指すだけでなく、恐怖や貧困からの脱却を内容とする積極的平和を築いていくことを求めているのです。

世界中で平和的生存権が明記されている国は日本だけです。このような日本こそが、国際社会に働きかけて、平和への権利の実現に貢献するべきでしょう。平和への権利が国際的な人権として確立すれば、世界のみならず、日本の平和の実現にとっても、大きな力を発揮するに違いありません。

（笹本潤）

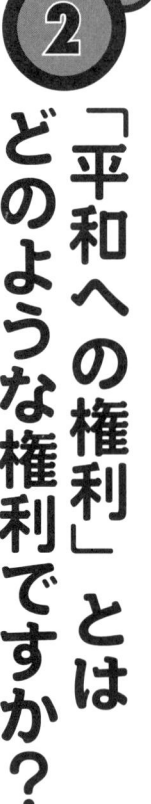

Q2 「平和への権利」とはどのような権利ですか？

現在、国連人権理事会では、以下の権利が平和への権利の具体的な内容として審議されています。

1　平和への権利の基本的権利

平和への権利の原則や基本的な権利として、国連の武力行使禁止の原則の確認、人間の安全保障の権利、恐怖と欠乏からの自由、暴力の標的にならずに平和的に生存する権利、紛争の防止における女性の役割などが審議されています。

2　消極的平和を実現させるための権利

消極的平和を実現させるための権利（Q4参照）として、核兵器など大量破壊兵器のない世界に住む権利、軍事予算を減少させる権利、武器取引の禁止を求める権利、非核兵器地帯の創造を要求する権利などの軍縮に関する権利。また、軍事的行動への参加を強制されない良心的兵役拒否の権利、民間軍事会社を規制するための権利など、軍事力や軍事行動を制限するための権利が審議されています。

3　積極的平和を実現させるための権利

積極的平和を実現させるための権利（Q5参照）として、紛争解決のために平和教育を受ける権利、外国による支配や独裁に抵抗する権利、貧困をなくし持続可能な社会をつくるための発展の権利、安全で平和な環境を享受する権利、人権侵害被害者が被害の救済を受ける権利、難民・移住者が保護される権利、紛争の防止・解決の意思決定に女性が参加する権利などが審議されています。

●平和学の先進理論に基づく平和への権利

これらの権利のすべてが「平和への権利国連宣言」として確立するかどうかは、これからの国連の審議と世論の動き次第です。

しかし、真の平和を実現させるためには、消極的平和のための権利と積極的平和を実現する権利の両方が、国連宣言に盛り込まれることが必要です。このような考え方は、平和学の先進理論に基づいています（Q6参照）。

（笹本潤）

■「平和への権利」の具体的内容とは

1　基本的権利

●武力行使禁止の原則
●人間の安全保障の権利
●恐怖と欠乏からの自由
●平和的生存に関する権利
●紛争の防止における女性の権利

2　消極的平和を実現させるための権利

●軍縮の権利
●良心的兵役拒否の権利
●軍事力や軍事行動を制限するための権利

3　積極的平和を実現するための権利

●平和教育を受ける権利
●外国による支配や独裁に抵抗する権利
●持続可能な社会のための発展の権利
●安全で平和な環境を享受する権利
●人権侵害被害者が救済を受ける権利
●難民・移住者が保護される権利、など

Q 3

「平和への権利」はいつごろから議論されているのですか？

平和への権利は、1970年代以降、国連で認められるようになった新しい権利です。

●平和の維持と人権の保障

1945年、国連は「平和の維持」と「人権の保護」のふたつを目的に設立*されました（国連憲章前文）。それまで、人権の保護は各国が独自に決定すべき、いわば国家の主権に属する事項であると考えられていました。しかし、第二次世界大戦中に台頭したファシズムによる人種差別と大量虐殺の経験から、戦後、各国内での人権侵害は、国際社会にとって安全保障上の脅威となるという考え方が共有されました。国連憲章ではその考え方が反映され、平和と人権保護が切り離せないものとして、基本的人権、人間の尊厳、差別禁止（前文および1条）が定められ、国連加盟国は国内において人権を保障することを約束しました。さらに、原則として武力行使を禁止し（2条4項）、新たに国際人権保障という考え方を生み出しました。

●平和への権利が国連で議論された背景

平和への権利は、人権保障と武力行使の禁止という国連の基本原則を踏まえたうえで、途上国と先進国とのあいだの南北問題、アメリカとソ連を中心とする東西冷戦構造を背景として、おもに途上国側から主張されたという特徴があります。

*＊**国連の設立目的**：「基本的人権と人間の尊厳及び価値と男女及び大小各国の同権とに関する信念をあらためて確認し、正義と条約その他の国際法の源泉から生ずる義務の尊重とを維持することができる条件を確立し、一層大きな自由の中で社会的進歩と生活水準の向上とを促進すること」（国連憲章前文）

国連では、戦後、軍縮や平和理念の普及、戦争犯罪および人道に対する罪の禁止、人権条約の採択など、平和と人権保障に関するさまざまな国際的ルールを定めてきました。その延長として、1984年、国連総会で「平和に対する人民の権利宣言」*が採択されました。平和への権利を「地球上の人々が有する神聖な権利」として、「すべての国は平和を維持し促進する義務がある」と定め、すべての政府に対して戦争や核兵器を含む武力行使の禁止の義務を課しています。

ただ、84年の「平和に対する人民の権利宣言」は単なる宣言にとどまり、条文の形をとった法的な権利にまでは至りませんでした。実際に、現在に至るまで武力衝突やその危険は世界各地で絶えることなく続いています。そこで、その後の国際人権保障の進展（Q8参照）や、平和の新たな定義（Q4、5、6参照）を盛り込んだ「平和への権利国連宣言案」が作成され、現在、国連人権委員会で審議されています（詳しくは本書第2章）。

（建石真公子）

＊平和に対する人民の権利宣言：1984年11月12日。第39回国連総会決議（A/RES/39/11）。地球上のすべての人が有する神聖な権利である平和への人民の権利（1項）の保護のために、国に対して、戦争、とりわけ核戦争の脅威を取り除くこと、国際関係において武力の行使を放棄すること、国連憲章に基づく各国際文書に従うことを要請（3項）するとした文書。この権利宣言以前にも、国連総会での決議として、「平和のうちに生きられる社会の準備に関する宣言」（1978年12月15日）が採択され、「すべての国とすべての人が、人種、信条、言語、性別にかかわらず、平和のうちに生きる固有の権利を有する」（第1原則）と宣言している。

Q4 消極的平和とはなんですか？

●「消極的」とはマイナスの意味か

「友だち作りに消極的だ」「恋愛に消極的だ」といった場合、「消極的」という言葉にはマイナスのイメージがつきまといます。辞書で「消極」という言葉を引いてみると、「裏・陰・否定・負号・無為・保守・受動などの意を表す語。控え目」と書かれています。しかし、「進んではことをしない事」という意味もあります（以上、『広辞苑』岩波書店より）。「ウソをつくことに消極的だ」「ずるをすることに消極的だ」といった場合は、プラスのイメージがあります。消極的平和もこのプラスイメージで定義することができます。

●消極的平和とは

消極的平和（negative peace）とは、あらゆる種類の暴力が不在*であるという状態を表します。「あらゆる暴力をなくすこと」は、そう簡単に実現できるものではありません。相当に強固な意思をもって、粘り強く努力をしないと実現できません。

たとえば、「戦争をなくす」という意思は、国家が憲法や法律などで明確に示さない限り、実現は困難です。この点に関し、日本国憲法9条は1項で戦争を放棄し、2項で戦力を保持しないことを宣言し、国の交戦権*を否定しています。憲法9条は戦争という暴力の不在（＝消極的平和の部分的な実現）を目指す規範といえます。

＊**あらゆる暴力の不在**：あらゆる暴力の不在とは、直接的暴力、構造的暴力、文化的暴力のいずれもが存在しない状態を指す。たとえば、戦争という直接的暴力や、いじめという構造的暴力、軍隊を肯定する考えという文化的暴力のいずれもがない状態を指す。

＊**交戦権**：交戦権とは何かをめぐっては3つの解釈がある。すなわち、①国家が交戦国として国際法上有する権利（船舶の臨検、貨物の没収、占領地行政など）、②国家が戦争を行う権利そのもの、③以上の両者である。

●戦争違法化の最先端を行く9条

「消極的平和の部分的な実現を目指す」といっても、憲法9条はかなり画期的な規範です。20世紀は二度の世界戦争を経験し、その後も、インド・パキスタン戦争や中東戦争、朝鮮戦争、ベトナム戦争、イラン・イラク戦争、湾岸戦争など数多くの戦争をくり返したことから、「戦争の世紀」と呼ばれています。

しかし、人類も愚かではありません。第一次世界大戦の反省から、国際連盟規約（1919年）で侵略戦争の制限を試み、不戦条約（1928年）で侵略戦争を放棄します。さらに、第二次世界大戦の反省から、国連憲章（1945年）で自衛戦争をも制限するのです（厳密には、法的に戦争一般を禁止しつつ、限定的な自衛権行使は容認しています）。

このような流れを「戦争の違法化」といいますが、憲法9条1項で自衛戦争をも放棄したと解釈*するならば、日本国憲法は戦争の違法化をさらに推し進めたといえます。9条の考え方は、国連憲章より進んでいるのです。軍隊を持つ他国を「普通の国」とすれば、日本は歴史の最先端を行く「優等国」といえるでしょう。ですから、現実の国際社会においても「優等国」を目指すべきであって、安易に「普通の国」になる必要はありません。

（清水雅彦）

＊憲法9条の解釈：1項については、自衛権の行使までは放棄していない（不戦条約と同様、侵略戦争の放棄にとどまる）と考えるのが憲法学の多数説である。2項については、自衛のための戦力も持てないと考えるのが多数であるため、結局は第9条全体から日本は戦力を持てないと考える（9条2項全面放棄説）。一方で、そもそも1項で自衛権の行使（事実上の自衛戦争）をも放棄したと考える説（9条1項全面放棄説）もあり、筆者もこの立場に立つ。

これに対して、政府は「戦力」を「自衛のための必要最小限度の実力を超えるもの」と定義し、自衛隊は戦力にあたらないとしている。これは、自衛隊を憲法違反にしないための解釈である。しかし、防衛力の際限のない拡大の中で、自衛隊を「自衛のための必要最小限度の実力」といい続けるのは、かなり苦しい解釈といえる。

Q5 積極的平和とはなんですか?

●積極的平和とは

「積極的平和」(positive peace)とは、あらゆる種類の暴力が不在(=消極的平和、Q4参照)というだけではなく、生命・人間・社会にとって肯定的・建設的な平和的要素が存在し、働いている状態を指します。いいかえれば、消極的平和が「暴力の不在」という具合に、「〜がない状態」と定義されるのに対して、積極的平和は「暴力の不在」というだけではなく、「〜がある状態」と定義されます。「職場において、性別や学歴によらず、個人の能力を評価する」といった社会正義や、「学校において、積極的人間関係を育む紛争解決のカリキュラムを導入し、いじめ防止を常に働きかける」といった公正な教育、また、「医療システムの恩恵を受けられること」といった福利厚生の整備などは、積極的平和の具体的側面です。

●非暴力による対話が積極的平和の実現につながる

紛争(対立・葛藤)のあり方を深くとらえることも、積極的平和の実現につながります。多様な価値観や感受性が出会うとき、摩擦が起こるのは避けられません。紛争が生じたとき、武力に頼ってしまえば、紛争は「武力紛争」へと発展し、当事者みんなに大きな損害をもたらします。紛争が生じたときこそ、非暴力的な対話を通してそれを解決することが積極的平和を実現するために必要な態度です。

このように、消極的平和と積極的平和の両方が実現されてはじめて、平和の全体像が現れるのです。

●安倍首相の「積極的平和主義」とは

２０１３年末、安倍晋三首相は、突如として「積極的平和主義」(proactive contribution to peace) という言葉を使って、日本から軍事的組織を海外へ送ったり、それを外交的視点からの国益と位置づけたりすることの正当性を主張しはじめました。しかし、安倍首相のいう「積極的平和主義」は、この本で解説する積極的平和とは正反対の方向性を持っていることは明らかです。積極的平和とは１９６９年にガルトゥングによって生み出された概念（Ｑ６参照）であり、安倍首相による「積極的平和主義」は、これを踏まえない用語の誤用であるか、無知に由来する造語です。安倍首相の主張する「積極的平和主義」とは、実際には「積極的安全保障主義」、すなわち武力による安全保障を偏重する「積極的武力主義」ともいえるものです。日本における平和主義の動きを過小評価し、それを「消極的」であると非難したいのでしょう。

私たちはこうしたトリックに騙されないように、積極的平和とはなにかについての教育を自由な対話の中で進めていかねばなりません。社会に戦争がないというだけではなく、平和を創造することこそが積極的平和の本来の意味です。そのためには、社会の内に潜むいろいろな問題（紛争）を把握し、解決する市民の力が必須です。積極的平和とは、さまざまなレベルでの関係性を大事にしながら、紛争を解決し、相互理解を深めていく、持続的な行為のことを指すのです。

（奥本京子）

Q6 ガルトゥングの平和論が平和への権利に深く影響を与えていると聞きましたが？

平和学の第一人者、ヨハン・ガルトゥング*は、1969年、平和を戦争のない状態と捉える「消極的平和」(negative peace)という概念を提唱しました。このとき、さらにガルトゥングは、社会に存在する不平等な力関係や、搾取、貧困、抑圧、差別などを「構造的暴力」(structural violence)と呼び、構造的暴力のない状態を「積極的平和」(positive peace)と呼び、平和の概念に画期的な転換をもたらしました。

その後、暴力と平和をめぐるガルトゥングの定義は深化をとげます。1980年代後半以降、ガルトゥングは暴力を「直接的暴力」(direct violence)「構造的暴力」「文化的暴力」(cultural violence)の3種類に分類し、あらゆる種類の暴力が不在な状態を「消極的平和」と定義し直し、それに加えて積極的な平和的要素が存在する状態を「積極的平和」としました。

「直接的暴力」とは、意図的かつ迅速な暴力のことです。たとえば、戦争や学校でのいじめは直接的に他者を傷つけ、極端な場合には死に至らしめます。

これに対し、意図的ではなく、人びとに間接的に作用する暴力が存在します。それが「構造的暴力」です。これが人に与える効果は、直接的暴力の場合と同じですが、構造的暴力は、その速度が緩慢という特徴があります。

子どもが持っているパンを腕力によって奪うことは直接的暴力ですが、貧困のため

＊ヨハン・ガルトゥング：ノルウェー。1930年生。現在、平和・開発・環境のためのネットワーク「トランセンド」を主宰し、コンフリクト（対立・紛争）の調停者として、紛争当事者や外交官・国連・国際NGOと対話し、解決を実践している（www.transcend.org 参照）。1987年度ライト・ライブリフッド賞受賞。

＊紛争の非暴力的な転換：世界には、コンフリクトを扱う理論や方法論が多数存在する。紛争

に子どもがパンを買えないことは構造的暴力です。そして、そのどちらもが、子どもにとっては、最悪の場合、死をもたらす暴力として作用するのです。世界に存在する構造的暴力の数々は、人権を侵害し、社会不穏を呼び、格差を生み、関係性の悪循環をつくりだし、最悪の場合は戦争という直接的暴力を引き起こします。

　三つ目の暴力は「文化的暴力」です。文化的暴力とは、神や祖国の名のもとに人を殺すことや、人びとを窮乏のうちに死なせることなど、直接的・構造的暴力を正当化するため役立つ、文化のもつさまざまな側面のことです。選民意識やナショナリズムといったものも文化的暴力です。

　これら三つの暴力はつながっていて、ある暴力はほかのふたつの暴力によって支えられています。戦争という現象を考えてみると、「戦争は必要悪だ」「自分には関係ない」といった考えは文化的暴力で、それがほかの暴力を正当化します。国民の税金の一部を軍備増強のために徴収し、兵士を訓練するといった構造的暴力は、「有事」すなわち戦争という直接的暴力を可能にしますし、また反対に、戦争が軍備を強化します。

　平和を実現するためには、そういった「有事」すなわち武力紛争を予防し、「無事」を創りだすことが必要です。そのためには紛争を非暴力的に転換＊する努力が欠かせません。また、「暴力は本能である」といった暴力を正当化する考え方の間違いを指摘しなければなりません。「暴力についてのセビリア声明」＊は、人類が暴力を克服することは大いに可能であるとしています。私たちがすべきことは「暴力」や「平和」についての議論をていねいにおこない、見えにくい「構造的暴力」や「文化的暴力」にもしっかりと焦点を当てることです。

（奥本京子）

転換と呼ばれる分野では、紛争（この場合の「紛争」は「武力紛争」を意味しない）は、人間関係において不可避的で自然な現象とされる。紛争転換には、共感・非暴力・創造性などの要素が不可欠であり、平和ワーカーとよばれる調停者は安全な時間・空間を用意し、当時者の自由な対話を可能にする。その際、紛争当事者の対立の妥協点を調整するのではなく、対立や矛盾から飛躍して新しい創造的な解決法を探し出すことが重要となる。

＊**「暴力についてのセビリア声明」**：「平和の文化」の理論的基盤のひとつで、戦争や暴力が人間の本性に内在するものではないことを証明。１９８６年、国連・国際平和年の活動の一環として、スペインのセビリアでのユネスコの第7回「脳と攻撃性についての国際コロキウム」において、心理学、動物行動学、生物学・大脳生理学・遺伝学など11の専門分野の20人の研究者によって作成、１９８９年のユネスコ総会で決議された。

Q 7 平和への権利にはなぜジェンダーの視点が必要なのですか？

平和への権利では、紛争の防止、平和教育および紛争後の平和構築において、女性の意志決定への参加、およびジェンダーの視点が必要だと考えられています。

●女性に対する暴力とその規制

武力紛争時、女性は重大な人権侵害の犠牲となりやすくなります。これは、第二次世界大戦時の従軍慰安婦や1990年代にボスニア・ヘルツェゴビナで行われた民族浄化*によっても明らかです。

国連安保理決議1325*（2000年）は、紛争の防止や紛争後の平和構築にあたって、女性や少女が意思決定に参加し、救済と復興における女性の能力を強化しなければならないなどと定めています。

性暴力を禁止する法的文書としては、ジュネーヴ第4条約27条（1949年）は、紛争当事国の領域および占領地域に共通する規定として、「女性は、その名誉を傷つける行為、特に強かん、強制売いんその他あらゆる種類のわいせつ行為から特別に保護されなければならない」と定めています。さらに、1977年には、同条約の違反行為の防止を定めた議定書も採択されています。

しかし、実際にジュネーヴ条約違反として処罰された国も個人もありませんでした。

こうした状況が変わるのは、2002年に国際刑事裁判所*が設立されて以降です。

***ボスニア・ヘルツェゴビナの民族浄化**：民族浄化という言葉は、1990年代の旧ユーゴスラビア諸国、とくにボスニア・ヘルツェゴビナで起こった民族間の紛争に関して頻繁に使われた。国連は、大量虐殺及び「民族浄化」に関する調査を行う専門委員会を設置し、1994年5月24日に報告書を公表した。報告書は、「旧ユーゴスラビアの状況における民族浄化とは、特定の集団や人々を、民族的に均一な地域から強制的に追放、移住させることであり（中略）旧ユーゴスラビアでは、民族浄化は、殺人、拷問、恣意的な逮捕および拘禁、違法な死刑執行、強姦および性的暴力、収容所への市民の監禁、強制移住、市民への軍による攻撃等の方法で実施された」と指摘している。

国際刑事裁判所は、紛争下の国際犯罪について「犯罪の責任を負う者に刑事裁判権を行使することがすべての国の義務」であることを確認し、紛争下での行為に関して「個人責任」を追及しています。さらに、国際刑事裁判所規程7条「人道に対する罪」において、「強かん」をはじめとする性暴力を定めており、国連の条約としてはじめて「強かん」を国際犯罪と認めたという意味でも画期的な条約です。

●平和への権利とジェンダーの視点

平和への権利は、平時においては平和の維持や構築をする権利であり、紛争時には人道法および国際人権法の遵守を原則として、武力行使の禁止を国家に求める権利です。したがって、紛争の防止や平和的解決において、また平和の構築や維持にあたって、女性が積極的に意思決定過程に参加し、役割を果たしていくことが非常に重要なのです。

（建石真公子）

＊国連安保理決議1325：女性と平和・安全を関連づけた初の安保理決議（2000年10月）。平和構築やガバナンスにおける意思決定のすべての段階に女性の積極的な参加が必要とし、女性の権利およびジェンダー平等の促進を要請している。

＊国際刑事裁判所：International Criminal Court（ICC）。人道的な戦争犯罪などを裁くための常設の国際裁判所（オランダ・ハーグ）。

Q8 これまで平和を人権として考えた人権条約はないと聞きましたが？

たしかに平和を人権として直接に規定した普遍的な人権条約はまだ存在しません。多くの人権条約は国連を中心につくられましたが、平和は人権条約のテーマとしては取り上げられてきませんでした。そもそも、第二次世界大戦での大規模な人権侵害に対する反省に基づき、人権保障の促進を国連の目的のひとつ*として国連憲章に掲げたことを考えると、平和が人権の問題として議論されてこなかったことを不思議に思われるかもしれません。じつは、平和の維持や実現は、国家間の安全保障の問題として安全保障理事会の独立したテーマとして議論されてきたのです。

●武力行使の禁止は人類社会の長年にわたる努力の結晶

平和が人権と切り離されて議論されてきた背景にはさまざまな事情がありますが、まず、国際人権に関する本格的な議論は第二次世界大戦後にはじまったのに対して、平和の維持・実現に対する取り組みは、国家間の最大の課題として長い歴史を持っていることを理解する必要があります。

国連憲章は個別の国による武力行使を禁止しており（Q1参照）、これが国際平和を実現するための基本原則となっています。武力行使禁止のルールは、16世紀ころにはじまる国際法の数百年におよぶ試行錯誤*と人類の苦難の経験を経て、現在の私たちがやっと手にした貴重なもので、人権とは無関係に、国家間のルールとして発展して

＊**国連の目的のひとつ：**国連憲章1条3項と55条cは、人権の普遍的な尊重の促進を国連自身の目的として規定している。

＊**国際法の試行錯誤：**「国際法の父」と呼ばれるグロチウス（1583〜1645年）等がはじめて国際法の構想を練り始めた16世紀ころから、戦争と平和の問題は、常に国家間のルールにとって重要な課題であった。その後、国際連盟による戦争の抑止や不戦条約による戦争の放棄など、さまざまな試みを経て国連憲章が誕生した。

きたのです。

●国家間の議論だけでは平和は実現できない

それでは武力行使の禁止という国家間のルールを通して平和は実現したでしょうか？　もちろん実現していません。現在も各地で紛争が発生しています。平和を人権としてとらえる平和への権利は、この状況を打ち破るための新しいアプローチです。

ここ数十年、国際人権はめざましい発展を遂げてきました。まず、国連は人権を各国の国内問題から国際関心事項として、国連の場で議論することに成功しました（Q30参照）。つぎに、さまざまな人権条約を採択して、生命の尊重、自由の保障、無差別の原則といった国際的な人権基準を確立してきました。さらに、このような人権を実現させるための社会環境や国際秩序を整える必要があることも認められるようになりました。

こうした国際人権の発展は、たとえば生命の尊重には平和な社会が不可欠であるという意味で平和と人権とを結びつけ、さらに平和を求めること自体が奪うことのできない人権であることを承認する条件を整えつつあります。人類社会が長年にわたって追求してきた平和の実現に対する人権からのアプローチが、平和への権利に込められた主張なのです。

（武藤達夫）

Q 9

イラク戦争が平和への権利を国際法にする運動のきっかけになったと聞きましたが？

2003年3月、アメリカ、イギリスなどの有志連合は、イラクが核兵器、化学兵器などの大量破壊兵器を保有しており、査察に非協力的であるなどの理由で、国連安全保障理事会の承認を得ないまま、イラク戦争に踏み切りました（結局、大量破壊兵器が発見されなかったことは周知の事実です）。現在の国連システムのもとでは、*国家が他国に対して武力を行使するためには、最低限、国連安全保障理事会の承認を得ることが必要です。それにもかかわらず開戦を防げなかったことに対し、国連システムなどの国際法体系の無力さが指摘されました。

一方、イラク戦争が開始される前から、世界中のNGOや市民が戦争に反対する声を上げました*。そのなかで、2005年、スペインのNGO、スペイン国際人権法協会のカルロス・ビヤン・デュラン会長*らは「平和への権利が国際人権として確立されていれば、イラク戦争は防げたのではないか」と考え、平和への権利を国際法にする運動、「平和への権利国際キャンペーン」を開始しました。平和への権利が国際人権として認められれば、大国も、平和への権利を侵害しないように行動しなければなりません。国連憲章2条4項の武力行使禁止の原則の遵守を各国政府や国連まかせにせずに、世界の市民一人ひとりが政府などに要求することができるようにする、それが平和の問題を人権として捉えることの意味です。

（笹本潤）

＊国家による武力行使が認められる場合：国連憲章は、武力行使の禁止を原則とし（2条4項）、例外として、国家の自衛権の行使の場合（51条）と、国連による集団的安全保障に基づく軍事行動（43条）が認められている。また、保護する責任に基づく軍事行動なども事実上行われているが、その場合でも最低限、安保理決議を経ることが要請される。

＊スペイン国際人権法協会のカルロス・ビヤン・デュラン会長

＊ 2003 年 2 月 15 日、ロンドンで行われたイラク戦争開戦反対を訴えるデモに 100 万人を超える市民が集結した。

Q10 キャンペーンには世界のNGOや専門家の活躍があったと聞きましたが？

●NGOがすすめた平和への権利

スペイン国際人権法協会は、2005年に「平和への権利国際キャンペーン」を開始して以来、世界各地で国際NGO会議を開き、専門家や市民の声を集約していきました。そして、2006年、「ルアルカ宣言」「ビルバオ宣言」「バルセロナ宣言」を発表し、アジア、アフリカ、南北アメリカでも30回以上にわたってNGO会議を開催しました。その集大成として、2010年12月、スペインのサンチアゴ・デ・コンポステーラに世界各国から平和活動家、国際法や国際政治の専門家が集まり、「平和への人権に関するサンチアゴ宣言」*を採択しました。

サンチアゴ宣言には、「平和」の内容として、戦争や軍事的行動などによる直接的暴力の否定だけではなく、貧困などの構造的暴力・文化的暴力の否定も盛り込まれています。世界中で1000を超えるNGOがサンチアゴ宣言に賛同し、平和への権利・国連宣言をつくるようにはたらきかけています。

●国連人権理事会諮問委員会草案の土台になった「サンチアゴ宣言」

2011年、「平和への人権に関するサンチアゴ宣言」は、国連人権理事会と人権理事会の諮問委員会に提出され、諮問委員会によって、サンチアゴ宣言を土台とした「平和への権利国連宣言」の草案づくりがはじまりました。サンチアゴ宣言の約85%

＊「平和への人権に関するサンチアゴ宣言」：2010年12月10日に採択。国連人権理事会諮問委員会案よりも詳細、網羅的で、現在の国連草案の基礎となる。条文全文は、「平和への権利を世界に―国連宣言実現の動向と運動」（笹本潤・前田朗編、かもがわ出版）に掲載されている。

＊常任理事国五カ国：アメリカ、イギリス、フランス、ロシア、中国。常任理事国は、自国に不利な決議などを拒否できる特権（拒否権）を有している（国連憲章27条3項）。

は諮問委員会草案に取り入れられましたが、外国軍軍事基地を段階的に廃止していく権利、安全保障理事会など国際機構の監視のための機構を設置する提案などは除外されました。

外国軍軍事基地は、その存在自体が軍事的緊張を引き起こしていますし、常任理事国五カ国*が強い権限を持つ安全保障理事会は、かならずしも公正な判断をしているわけではありません。ですから、これらの提案は今後も引きつづき要求していく必要があります。

（笹本潤）

サンティアゴでのNGO会議のようす

Q 11

日本のNGOはどんな取り組みをしてきたのですか？

●日本のNGOの活動

スイスのジュネーヴにある国連欧州本部で開催される国連人権理事会には、政府代表とともにNGOも審議に参加*できるのが大きな特徴です。日本からもいくつものNGOが人権理事会の審議に参加してきました。これまで日本からは、日本軍慰安婦問題や、拷問の禁止、代用監獄の廃止のほか、さまざまな人権問題の解決を求めてNGOのメンバーがジュネーヴを訪れてきました。

国連人権理事会の前身である国連人権委員会では、2002年ごろから、平和への権利についての議論が積み重ねられており、「日本国際法律家協会」（JALISA）や「国際人権活動日本委員会」（JWCHR）が関心をもって情報収集をしていました。2005年からスペインのNGOによる「平和への権利国際キャンペーン」がはじまると（Q9参照）、「国際婦人年連絡会」などが早い段階でこのキャンペーンに参加しました。2010年にはこの本の編者である「平和への権利国際キャンペーン・日本実行委員会」が結成されました。日本実行委員会には、日本国際法律家協会や国際人権活動日本委員会、さらに国際法や憲法の研究者、弁護士、平和団体など、多くのNGOや個人が参加しています。*

＊国連人権理事会へのNGO団体の参加：国連経済社会理事会との協議資格を持つNGOは、人権理事会など国連機関の会議に参加し、意見を述べることができる（国連憲章71条、経済社会理事会決議 1996/31）。

＊そのほかの日本からの参加団体：日本弁護士会連合会（日弁

●憲法9条を国際社会に

日本のＮＧＯが「平和への権利国際キャンペーン」に取り組むようになった背景には、日本には、戦争の放棄（日本国憲法9条）や平和的生存権（日本国憲法前文）など、国際的にも先進的な平和に関する憲法規定があり、それらを活かして平和への権利の確立に取り組む必要を感じたことが挙げられます。同時に、それは2008年に東京で開催された「9条世界会議」の問題意識を継承して、憲法9条を平和的生存権とともに国際社会に広める活動の一環でもあります。

人権理事会が開催されるときには、同じ国連欧州本部の会議室でＮＧＯ主催のサイドイベント＊を開くことができます。日本のＮＧＯは、スペイン国際人権法協会などの国際ＮＧＯとともに平和への権利を求めるサイドイベントを開催し、日本の平和的生存権、米軍基地の被害、福島原発の被害などを、各国政府やＮＧＯに訴えてきました。いまでは日本のＮＧＯは「平和への権利国際キャンペーン」の中心的な位置を占めるまでになっています。

（笹本潤）

連）のほか、国際レベルでは日本国際法律家協会が所属する国際民主法律家協会（ＩＡＤＬ）が国連の審議に継続的に参加して発言している。

＊国連欧州本部で開かれる人権理事会のサイドイベント

コラム

市民が政府と対等に議論できる国連人権理事会

スイスのジュネーヴに国連人権理事会があります。国連人権理事会の最大の特徴は、NGO（市民団体）が直接審議に参加できることです。

NGOとの協議は国連憲章71条にも明記され、経済社会理事会との協議資格という形で参加が認められています。人権侵害は政府によって引き起こされるため、その実態を調査する力は、政府よりもNGOのほうが優れている場合が多く、NGOが人権理事会の審議に参加できることには大きな意味があります。

アムネスティ・インターナショナルやヒューマンライツ・ウオッチなどの国際的な人権団体のほか、3000以上の国際NGOが国連に団体として登録され、人権理事会の審議に参加しています。人権侵害が発生している国のNGOがその実態を調査できない場合でも、国際NGOによって調査され、国連に報告されています。

平和への権利国連宣言草案の審議の場でも、NGOの参加が認められています。新しい国際人権を立法化するための合意形成を目指す場であるため、過去にどのような国連の文書があったのか、その権利は世界的に普遍的な事項なのか、どのような条文を入れるべきかなど、具体的、実務的な議論が交わされます。

審議では、NGOが他国の政府に対して対等な立場で意見を述べることができます。たとえば、アメリカ政府の発言に、NGOとして直接反論をすることができるのです。

筆者自身、NGO代表として審議の場で発言をしたことがありますが、いきなり世界政治のど真ん中に飛び出したような感覚に陥ります。市民が政府に対して対等な立場で議論できるのは、「人権」というだれも否定できない共通の土俵があるからでしょう。

スイス旅行をする機会があれば、ぜひ国連人権理事会を訪れ、審議のようすを傍聴してみてください。

（笹本潤）

第2章

平和への権利国連宣言はどんな世界をめざしているのですか?

Q 12 平和への権利は平和と人権に関する国際社会のルールの集大成だと聞きましたが？

●安全保障のルールと人権とをつなぐ

平和への権利は、国際社会のさまざまなルールや原則などと関連しています*。これらのルールや原則は、おもに人権に関するルールと国際平和の維持・実現に関するルールのふたつの分野に大別することができます。

まず、平和への権利に関連するもっとも重要なルールは、人権に関するものです。その中心となるのは生命、自由および安全に関する基本的人権で、これは、世界人権宣言3条*や、自由権規約6条*などで認められた権利です。さらに、地域的人権条約であるアフリカ人権憲章23条*では、国内および国際の平和と安全に対する人民の権利が規定されています。これらの権利は、平和への権利に直接かつ具体的な法的基礎を提供しうるものです。

また、差別の禁止に関する原則も、平和への権利に関連する大切な人権のルールです。平和への権利では、公平・公正な秩序としての平和を追求しているからです。差別禁止原則は、良心的兵役拒否の権利とも結びついています（Q19参照）。さらに平和への権利は環境法や開発・発展に関する原則とも関連しています。平和と環境、平和と発展は、それぞれ切り離せない関係にあるからです（Q23、24参照）。

＊国際社会のさまざまなルール：ひと口に国際社会のルールといっても、法的な拘束力のある国際法規則とならんで、ゆるやかな拘束力をもつガイドライン、政治的約束として国家の遵守が一定程度期待できる原則など、さまざまなレベルのものが混ざり合っている。

＊世界人権宣言3条：世界人権宣言は国連総会決議であり、本来は政治的な文書に過ぎないが、規定の一部は慣習国際法として国家に法的義務を課していると認められるようになっている。「生命、自由、身体の安全」について規定した3条もそのひとつ。

＊自由権規約6条：6条1項は「すべての人間は、生命に対す

●武力行使の禁止を人権として求める

平和への権利と関連するもうひとつの重要なルールは、武力不行使原則です。国連憲章2条4項は、すべての国に対して武力の使用だけでなく、武力による威嚇も禁止しています。この原則は国際慣習法としても認められています。このように、すでに法的ルールとして承認されている原則の遵守を人権として希求するところに、平和への権利の核心があります。それは、武力の不行使を、単に国家間の政策として要求するということにとどまらず、すべての人の基本的権利として請求することであり、核軍縮を含む全面的な軍縮をも要求することを意味しています。さらに、単に武力行使や武力による威嚇の禁止が実現されればよいのではなく、そこへ至る安全保障の制度や道筋においても、人権を侵害しないことが要求されることを意味しています。たとえば、安全保障の政策決定に当たっては、少数者を含むすべての人が参加できる民主的なプロセスが確保されなければなりません。安全保障が一定の地域や人びとの基本的人権の犠牲の上に成り立っているとするならば、それは平和への権利を実現したものとはみなされないでしょう。

（**武藤達夫**）

る固有の権利を有する。（中略）何人も、恣意的にその生命を奪われない」と規定している。平和への権利との関係では、この条文が死刑以外の留保（例外）を認めていない点も重要。

＊アフリカ人権憲章（人および人民の権利に関するアフリカ憲章）：1981年にアフリカ統一機構（現在のアフリカ連合）において採択された地域的人権条約。同条約23条1項は、「すべての人民は、国内及び国際の平和と安全に対する権利を有する」と規定している。

Q13
平和への権利とはだれがだれに対してもつ権利ですか？

●個人の権利から人民の権利へ

平和への権利の主体は、個人と人民です。国連人権委員会の諮問委員会が提出した平和への権利国連宣言草案でも次のように定めています。

「個人および人民は、平和に対する人権を有する。この権利は、人種、出身、国籍、民族、社会的出自、皮膚の色、性別、性的指向、年齢、言語、宗教もしくは信念、政治的またはその他の意見、経済的な境遇もしくは資産、多様な身体的もしくは精神的な機能、市民的地位、出生またはその他いかなる条件をも理由とした区別または差別なく実施されなければならない」（1条1項）

「人民」とは個人でなく集団を意味します。もともと、近代市民法が掲げた自由と権利は、思想の自由や表現の自由に代表されるように「個人の権利」でした。それ以前は、ギルド*（職人組合）、都市、教会など、個人を越えた団体が法の主体として認められていました。ところが、人権は人が生まれながらにして持っている権利ですから、人以外の団体の権利をいったん脇に置いて、全体としての国家と部分としての個人が直接対峙することになったのです。

しかし、20世紀初頭に入ると、人民の自決権（民族自決権*）が広く議論されるようになります。さらに、20世紀後半になると、環境権、発展の権利、先住民の権利のよ

***ギルド**：西欧中世の都市において、商工業者のあいだでつくられた職業組合。商業ギルド、手工業ギルドなどが市政を掌握した。徒弟制度と呼ばれる身分制度が確立し、親方資格をもたなければギルドに参加できず、製品管理、職業教育などもギルドの権限とされ、閉鎖的な特権

うに、いくつかの「団体の権利」が登場してきました。もちろん、これらの権利は個人の権利であると同時に団体として保護されなければならない性質の権利であって、前近代の「団体の権利」とは権利の性格が異なります。

●平和への権利も人民の権利

　戦争はさまざまな地理的範囲において引き起こされる可能性があります。加えて、ほぼすべての戦争・紛争において、軍人だけでなく、大勢の民間人が犠牲になってきました。このことから、平和への権利も個人のみならず、人民（団体）の権利でもあると考えられます。

　このことはすなわち、権利の主体が国境を越えて連帯できることを意味します。たとえば、東アジアの人民が連帯し、平和への権利を根拠に各国政府に対して平和政策を求めることができます（もっとも、個人主義を強調するアメリカやヨーロッパは、人民の権利に反対しています。Q29参照）。

　また、平和への権利の主体において、ある人はその人種ゆえその権利がない、あるいはその身体的機能ゆえにそのような権利は認められないなど、さまざまな理由をつけて区別や差別をされることがあってはなりません。諮問委員会草案でも、すべての個人および人民が平等に与えられる権利であることが確認されています。近代法は身分による差別を否定するところからはじまり、現在まで、法の下の平等の原則が定着してきました。平和への権利も近代法の原則が適用されるべきであることを確認しているのです。

（前田朗・前田弓恵）

集団を形成したが、近代市民革命により解体された。

＊**人民の自決権**（**民族自決権**）：それぞれの民族集団が自らの意思に基づいて、その帰属、政治組織や体制を決定し、他民族による介入を認めない集団的権利。レーニンやウィルソンが唱え、第一次大戦の終戦処理のベルサイユ会議で公認され、その後の国際政治の中で発展してきた。

Q14 平和への権利の義務の担い手はだれですか？

●平和への権利を保障するのは国家

平和への権利を保障する義務を有するのは、第一義的には国家です。しかし、実際には、国家は戦争を引き起こす主体となる恐れがあり、またそれに参加する恐れがあります。したがって、不戦条約*や国連憲章などによって発展させてきた戦争の放棄、武力不行使の原則を再確認し、さらに強化する必要があります。諮問委員会草案では、「国家は、国際関係において、武力の行使または武力行使の威嚇を放棄する法的義務を遵守しなければならない」（1条4項）、「すべての国家は、国際連合憲章の原則に従い、自らが当事者となっているいかなる紛争の解決においても、平和的手段を用いなければならない」（同条5項）としています。

それでも、現実には、2001年に開始されたアフガニスタン戦争において「テロとの闘い」というスローガンの元に無差別的な攻撃がなされ、多くの民間人が犠牲になるということがくり返されているため、普遍的な権利としての平和への権利の重要性は高まっています。

また、戦争のみならず、貧困や差別などの構造的暴力をなくし、基本的人権および

＊不戦条約：第一次大戦後、欧米における反戦平和思想の高まりを受けて、1928年8月27日、アメリカ、フランス、ドイツ、ベルギー、イギリス、イタリア、日本、ポーランド、チェコスロヴァキアが署名した条約。国際紛争を解決するために戦争に訴えることを否定し、戦争の放棄を宣言した。条約を実施するための機関を設置しなかった点で、この条約の実効性に限界がある。

自由を保障することも、個別国家の義務です。この概念は、日本国憲法前文に書かれた平和的生存権や、13条に書かれた幸福追求権とも共通する理念です。同時に、諸国家にはそのために協働する義務があります。ここでも権利の主体は個人または人民であるのに対して、権利を保障するのは国家の義務なのです。諮問委員会草案では「すべての国家は、国際連合憲章に定める諸原則の尊重ならびに、発展への権利および民族の自決権を含むすべての人権および基本的自由の促進を基盤とした国際システムにおいて、国際平和の確立、維持および強化を促進しなければならない」（同条6項）としています。

国連憲章では、国連の第一の目的である国際の平和および安全の維持は、「すべての加盟国」によりなされなければならないとしています。各国が義務を果たすことにより、国連が機能するのです。これは、平和への権利の実現に向けて、権利の主体、権利の義務の担い手の両方にかかわる、非常に重要な規定です。

諮問委員会草案でも、平和と安全の維持は個別国家の義務であると同時に、集団的義務とされています。国際関係における諸国家の集団的義務であるということは、地域レベルでは、当該地域における紛争の平和的解決手段を創出することを意味するでしょうし、グローバルなレベルでは、国連の紛争解決機能をいっそう発展させることも含まれます。平和への権利を真に実現させるためには、人民一人ひとりの自覚、各国の努力と協調が欠かせません。

（前田朗・前田弓恵）

Q15 平和への権利は「人間の安全保障」とどのように関連していますか？

●人間の安全保障とは

近代市民法とは違って、国際法は主権国家と主権国家のあいだのルール、すなわち「国家間の法」とされてきました。ウェストファリア条約*以後、西欧近代国家は、国家だけを国際法の主体と認めることにしたからです。国家が主体と考えられたために、「国家の安全保障」が主題とされました。しかし、国際法や国際社会も、やはり個々の人間によって形成されています。そこで、国連では国家の安全保障を補完するものとして「人間の安全保障」を検討してきました。

人間の安全保障に積極的姿勢を示してきた日本政府は、「人間一人ひとりに着目し、生存・生活・尊厳に対する広範かつ深刻な脅威から人々を守り、それぞれの持つ豊かな可能性を実現するために、保護と能力強化を通じて持続可能な個人の自立と社会づくりを促す考え方」と整理しています（日本外務省）。

諮問委員会草案でも、平和への権利の定義に際し、以上のような考え方から人間の安全保障に言及しています。すなわち、「すべての人は、人間の安全保障の権利を有する。それは、積極的平和を構成するすべての要素である恐怖と欠乏からの自由を含み、また、国際人権法に準拠した、思想、良心、意見、表現、信仰および宗教の自由を含む。欠乏からの自由は、持続可能な発展への権利ならびに経済的、社会的および

***ウェストファリア条約**：カトリックとプロテスタントとの宗教戦争（30年戦争）を終結させるため、1648年に締結された講和条約（ミュンスター条約、オスナブリュック条約）の総称。領土尊重や内政不干渉など、その後の近代国際法の基礎と位置づけられた。

文化的権利の享受を含む」（2条1項）としています。

●人道に対する犯罪から保護される権利

現代社会は、核兵器に代表される大量破壊兵器の使用や大規模暴動による集団殺戮（ジェノサイド）など、人道に対する犯罪の危機が続いている一方で、小型兵器が蔓延し、膨大な殺戮が起きています。たとえば、1994年のルワンダ・ジェノサイド*では、小型兵器による犠牲者だけで100万人ともいわれます。

だれもが平和のうちに生きる権利を有し、暴力の標的になることなく、身体、精神、知性、能力、および道徳を全面的に発展させることができなければなりません。また、ルワンダ・ジェノサイドのような例を防ぐためにも、「集団殺戮、戦争犯罪、国際法に違反する武力の行使および人道に対する犯罪から保護される権利」（2条3項）が確立されなければなりません。

●平和構築における女性の役割

人間の安全保障を実現するためには、社会の半数を占める女性の地位や権利を保障する必要があります。さらに進んで、紛争後の平和構築、統合、およびその維持に関しても女性の貢献を促進すべきです。国家、地域および国際機構、そしてこれら地域の機構におけるあらゆる意思決定レベルにおいて、女性の代表者を増員し、女性の代表として声をあげられる環境を整えることが人間の安全保障実現につながるからです。諮問委員会草案は「国家、国際組織とりわけ国際連合、および市民社会は、紛争の防止、管理および平和的解決において、女性の積極的かつ持続した役割を（中略）促進しなければならない」（2条5項）としています。

（前田朗・前田弓恵）

＊ルワンダ・ジェノサイド：1994年4月からはじまった大虐殺。フツ人の過激組織が中心となってツチ人およびフツ穏健派を組織的に殺害した。犠牲者数には諸説あるが、50万～100万人と推測されている。国連安保理事会の決定により、ルワンダ国際刑事法廷が設置され、虐殺者が裁かれた。

Q16 人間の安全保障と国家はどのような関係にありますか？

●国家の責任

平和への権利の主体が個人および人民であり、その義務の担い手が国家であったのと同様に、人間の安全保障を実現する責任は、まず国家にあります。

どの国家も自国の人民に平和と安全を保障しなくてはならないのは当然です。諮問委員会草案では、だれもが「自分が属する政府に対し、国際人権法および国際人道法を含む、国際法の準則を効果的に遵守するよう要求する権利を有する」（2条6項）としています。

同様に、国連憲章の原則から、各国は他国の人民の平和と安全を妨げないようにしなくてはなりません。人民の平和と安全の妨げとなるのは、戦争や武力紛争といった軍事的な暴力だけではありません。平和とは相容れない構造的暴力を発生させるような不平等、排斥、および貧困をなくすために、制度が発展および強化されなければなりません（Q6参照）。

●市民社会の責任

ただし、人間の安全保障は国家だけで実現できるとは限りません。紛争の和解には、国家だけでなく、市民社会自身が責任を有するべき場合があります。たとえば、差別や宗教対立に由来する紛争*では、市民社会もその和解に向けて努力する責任があります。

●軍事力の民主的統制

人間の安全保障を実現するためには、軍事力の肥大化を民主的にコントロールすることも不可欠です。軍事力の肥大化は、軍事的緊張を激化させ、武力紛争の原因となるだけではなく、膨大な軍事予算の配分をめぐって、政治腐敗を発生させ、人権侵害や差別を激化させます。軍事予算の肥大化が民主主義を破壊してしまうのです。

軍事力を不当に肥大化させないためには、予算のコントロールに加えて、その前提となる作成段階での検討も重要です。軍事的な政策や予算を「聖域」とせずに、開かれた討論の場が確保されていなくてはなりません。

さらに軍事的な政策や予算について、公開討論の場を確保するためには、軍の意思決定者らに対し、そうした場において説明責任を果たさせなければなりません。

こうしたことから、諮問委員会草案では、「軍事力および関連予算に対する民主的統制」「国防および人間の安全保障の必要性とその政策、および防衛と安全保障の予算編集に関する公開討論」「意思決定者による民主的監督機関に対する説明責任」（2条8項）を求めています。

●国際的な法の支配

結局、平和への権利を実質的に保障するためには、個別国家における法の支配だけではなく、国際的な法の支配*が必要となります。国際法はまだ不十分な体系ですが、国際的な法の支配を確立するために積み重ねられているさまざまな努力をさらに制度として具現化し発展させる必要があるのです。

（前田朗・前田弓恵）

＊差別や宗教対立に由来する紛争：現代世界では、民族紛争や宗教対立が絶えず、排外主義やレイシズムの蔓延により、他民族等を迫害するヘイト・クライムやヘイト・スピーチが生じ、集団殺戮（ジェノサイド）に至ることも稀ではない。その際に、政治指導者、著名な知識人、宗教的指導者らが対立をあおってしまう事態が見られる。そうしたことが起きないよう、政党、宗教団体、労働組合、人権NGOなどの不断の努力が求められている。

＊国際的な法の支配：国際人道法の体系が整備され、国際人権法も発展してきた。まだ不十分ではあるものの、近年、国際刑法も進展している。1990年代の旧ユーゴスラヴィア国際刑事法廷、およびルワンダ国際刑事法廷の経験をもとに、国家政策や組織的行為の下で行われる人道に対する犯罪、戦争犯罪、集団殺戮（ジェノサイド）、侵略の罪を裁くための国際刑事裁判所が設立されたのはその代表例である（Q35参照）。

Q17 平和への権利では軍縮についてどのように考えていますか？

●軍縮の基本的考え

国連憲章11条1項は、国連総会が「国際の平和及び安全の維持についての協力に関する一般原則を、軍備縮小及び軍備規制を律する原則も含めて、勧告をすることができる」と定めています。軍縮を国家の責務とまではしていませんが、国連が目指すべき目標に入れているのです。同26条も「人的及び経済的資源を軍備のために転用することを最も少く」することを謳っています。

実際には、第二次世界大戦後、各国は核兵器をふくむ、急速な軍備拡大路線を歩みました。とはいえ、多国間の機関としての軍縮会議も活動を続けてきましたし、1980年代には米ソ二国間の核軍縮協議が進められました。地域レベルでは欧州安全保障協力会議（CSCE）において軍縮の努力がされました。さらに核拡散防止条約（1968年）、生物兵器禁止条約（1971年）、化学兵器禁止条約（1993年）などを実現してきました。近年では対人地雷禁止条約（1997年）やクラスター爆弾禁止条約（2008年）もできました。

諮問委員会草案では「国家は、武器取引の厳格かつ透明な管理、および違法な武器取引の禁止に積極的に取り組まなければならない」（3条1項）とし、さらに「国家は、包括的かつ実効的な国際的監督の下において、共同的および協調的な方法で、かつ合

＊**大量破壊兵器：**大量破壊兵器は一般に核兵器（A＝atomic）、生物兵器（B＝biological）、化学兵器（C＝chemical）の三種類を指し、ABC兵器とも呼ばれる。最近はさらに劣化ウラン弾のように、「核兵器以外の放射能兵器」も大量破壊兵器に含める考えが有力になっている。

＊**平和地帯：**フィンランドのオーランド諸島の事例や、コロンビアのサンホセ・デ・アパルタードの住民の事例は注目に値

理的な期間内で、いっそう軍縮を進めなければならない。国家は、人間の安全保障を保証するために軍事支出を最低限必要な水準に減少させることを考慮しなければならない」（同条2項）として、軍縮について国家の責務を確認しています。

●軍縮を求める権利

軍縮の課題のなかでも、とくに大量破壊兵器*の廃絶は重要事項です。いったん使われれば非人道的な結果をもたらすからです。諮問委員会草案では「すべての人民および個人は、大量破壊兵器のない世界に生きる権利を有する」（同条3項）とし、人民および個人の権利を定めるとともに、大量破壊兵器の廃絶を掲げています。広島・長崎の経験を有する日本が取り組んできた核兵器廃絶運動がいっそうの重要性を増しています。

日本では世界各地の平和地帯*の実例に学びつつ、平和の町をつくるための無防備地域宣言運動*がすすめられてきました。そこで日本のＮＧＯは、平和への権利のひとつとして平和地帯を入れるように働きかけてきました。

諮問委員会草案では、人びとが平和地帯や非核兵器地帯*をつくることを権利とまでは明示しませんでしたが、「国家は、平和地帯と非核兵器地帯の創設および促進を考慮するよう要求されている」（同条4項）としました。

軍縮によって得られた財源については、人民の暮らしと福利のために使うべきです。諮問委員会草案では、「人民の経済的、社会的および文化的な発展のために使う権利、特に最貧国や弱い立場のグループの需要に応じて、天然資源を公正に再分配する権利」（同条5項）を定めています。

（前田朗）

する。国際慣習法においても無防備地域が認められており、国際条約でも、1979年のジュネーヴ条約追加第一議定書59条に定められた条件を満たせば、その無防備地域への攻撃が禁止されている。

***無防備地域宣言運動**：ジュネーヴ諸条約第一追加議定書59条の無防備地域宣言と、日本国憲法9条の軍隊不保持、戦争放棄の趣旨を重ね合わせて、「私の町の憲法9条」をスローガンに各地で取り組まれた平和運動。戦争協力の拒否、平和行政の実施、平和教育の推進を主張している。

***非核兵器地帯**：実戦での核兵器使用だけでなく、その実験・製造・保有・配備を条約によって禁止した地域のこと。南太平洋、ラテン・アメリカ、東南アジア、アフリカ等の地域で非核兵器地帯条約が採択されている。東北アジアにも非核兵器地帯条約をつくろうという運動もあり、日本のＮＧＯは、宣言草案に非核兵器地帯条約を明記するよう要請している。

Q18 平和への権利では平和教育についてどのように考えていますか？

●平和の実現に向けた国際社会の努力と発展を学ぶ

第二次世界大戦は、人類に筆舌しがたい惨禍を残し、平和への願いを切実なものとして世界の人々の心に刻みつけました。国連憲章（1945年）、ユネスコ憲章（1945年）が採択され、平和へむけての新しい国際秩序づくりがはじまりました（Q30参照）。貧富の差や差別のなかに暴力の温床があり（構造的暴力）、それらを根絶してこそ平和が実現されるとする主張や取り組みもはじまりました（Q4、5、6参照）。人権の捉え方も深まりました。人種差別撤廃条約（1965年）、人権規約（1966年）、女性差別撤廃条約（1979年）、子どもの権利条約（1989年）、多文化条約（2005年）、障害者差別撤廃条約（2014年）が締結されました。

ユネスコ*は、「平和・人権・民主主義教育に関する総合的行動要綱」（1995年）を総会採択し、2000年を「国際平和の文化年」と定め、その後の10年間を「平和の文化のための国際行動年」として、各国での取り組みを後押ししました。

また、環境破壊が生物の多様性を奪い、平和的に生存する権利の基盤を突き崩し、未来世代の権利をも奪うという認識が広まり、「現代世代の未来世代に対する責任宣言」（1997年）が国連総会で採択されました。加えて、子どもの権利条約（1989年）も締結されました。このような、平和の実現に向けた努力と発展の歴史を学ぶこ

＊ユネスコの取り組み：ユネスコは国連軍縮総会と呼応して軍縮教育世界会議を開き（1980年）、包括的で完全な軍備放棄（general and complete disarmament）としての軍縮（dis-armament）の概念を提起する。さらに、暴力をなくすために学識者からなる国際会議を開催し（1986年）、

とは、平和教育の大事な内容です。「学ぶこと、それがキーワードだ」というのがユネスコの「学習権宣言」（1985年）の精神です。

●**平和への権利が求める平和教育**

諮問委員会草案では、「すべての人民および個人は、包括的平和と人権教育への権利を有する」（4条1項）とし、その権利は「公式および非公式の教育を通じて獲得しうるものでなければならない」（同2項）としています。

また、「政府または民間部門による介入なしに、平和に対する権利を脅かしまたこれを侵害するいかなる事象についてもこれを告発し、かつ、平穏な政治的、社会的および文化的活動または行動に自由に参加する権利」（同条4項）が規定されています。さらに、「教科書およびその他教育メディアから、憎悪のこもったメッセージ、歪曲、偏見および否定的な先入観を排除し、暴力の賞賛およびその正当化を禁止（同条5項）することと」などを各国に求めています。*

●**国連宣言は日本の平和教育を後押しする**

日本国憲法は、「学習と教育への権利」（23条、26条）を保障しています。戦後日本では、戦争の惨害と加害の責任の問題を含めて、平和教育の優れた実践が蓄積されてきました。歴史認識と重ねて、平和の文化への取り組みも意識的に取り組まれています。憲法改正に向けた流れが急速に強まるなか、平和への権利が国際法になれば、日本の平和教育への取り組みにとって大きな力となるでしょう。

（**堀尾輝久**）

セビリヤ声明を発表している。

＊諮問委員会が準備した4条に対する意見：平和への権利のなかに平和教育への権利を含めることでは多くの支持と合意があり、とくに平和の文化を生み出す平和教育の重要性については多くの代表が強調した。しかし、表現において、冗長、もっと簡潔にという意見も多く出された。また、「人権教育及び訓練に関する国連宣言」（2011年）などにも言及する必要性についても述べられている。これらを考慮して、内容が整理され、簡潔化されることになるだろう。なお、この宣言が国連憲章の精神の発展を目指すものであること、そして世界人権宣言や人権規約さらには平和の文化に関する宣言にもふれるべきことは「前文」の論議でも出されている。平和教育に関してもこれらのものと一体のものとして、理解することが重要である。

Q19 平和への権利では良心的兵役拒否についてどのように定めていますか？

●良心的兵役拒否の歴史

良心的兵役拒否とは、もともと19世紀に、宗教や信仰上の理由で戦闘行為への関与に反対する人びとが徴兵制の下で兵役を拒否したことにはじまります。キリスト教世界のクエーカーやメノナイトの例*が知られますが、ロシア帝国でもドゥホボールの人びとが銃を焼き捨てて抵抗した例*があります。

外敵に対しては国民が一体となって防衛するという近代国民国家が確立すると、兵役を拒否することが犯罪行為とされるようになりました。欧州諸国では、第一次世界大戦では数千人の兵役拒否者が死刑に処され、第二次世界大戦では死刑にこそならないものの、多くの兵役拒否者が投獄*されました。

第二次世界大戦が終わると、平和主義や良心の自由といった概念が広く認められるようになり、兵役拒否を権利として認める例が出てきました。ドイツ連邦基本法は兵役拒否権*を明示しています。アメリカではヴェトナム戦争時に、大義のない戦争に協力することを拒否する徴兵忌避が相次ぎました。１９８０年代に国連人権委員会においても良心的兵役拒否の権利に関する研究が進められました。

現在でも、韓国のように兵役拒否者が投獄される国があります。一方、志願制の国では兵役拒否の問題は生じないように思われますが、戦争絶対反対の平和主義者で

＊クエーカー、メノナイトの良心的兵役拒否：17世紀イングランドで設立されたクエーカーや、16世紀オランダで確立したメノナイトの信者は、平和主義を徹底し、兵役を拒否してきた。

＊ドゥホボールの人びとの抵抗：18世紀ロシアに登場したといわれるドゥホボール（聖霊否定派）は、平和主義の立場から兵役を拒否したため、ロシア皇帝から弾圧され、19世紀末からカナダに移住した。

＊兵役拒否者の処遇：アメリカでは19世紀から兵役拒否が認められていたため、第二次大戦中、1万2000人が兵役を拒否して、代替措置として市民公共サービスについたといわれる。第二次大戦期、日本では兵役拒

はなくても、個別の戦争に大義がないと考えた場合に戦闘拒否を行う例があります。2006年6月、アメリカ軍の現役将校エーレン・ワタダ中尉が*、イラク戦争は違法な侵略戦争であることを訴え、従軍を拒否すると宣言したことは有名な話です。

●上官の違法命令に従わない権利と義務

良心的兵役拒否は、歴史的には宗教上の理由で行われてきましたが、今日では平和主義の立場からの兵役拒否も認められるようになってきました。平和への権利においては、各個人が良心的兵役拒否の権利をもち、この権利を効果的に行使することを保証される権利をもつという考えに立っています。

さらに、諮問委員会草案では、各国の軍隊に国際法違反の戦争や軍事行動を行わないように義務づけています。そして、「上官の命令に従う義務により上記の義務の遵守が免除されることはなく、かつこのような命令に対する不服従は、いかなる場合においても軍法違反とされることはない」(5条2項)とされます。

この条項は、ナチス・ドイツの戦争犯罪を裁いたニュルンベルク裁判や、日本軍に関するBC級裁判のなかで「上官に命令されたから民間人や捕虜を虐殺した」という抗弁は認められず、違法な命令に対しては不服従の道があることが示された歴史を引き継いでいます。くわえて、国際刑事裁判所規程33条では、上官の違法命令に従って違法行為を行った場合でも個人の責任は免除されないことを明示しています。個人は違法命令に服従しない権利と義務があるのです。

(前田朗)

否は認められなかったため、拒否者は「非国民」扱いされたことが知られる。

＊ドイツ連邦基本法第4条3項：何人もその良心に反して、武器をもってする戦争の役務を強制されない。詳細は、連邦法で定める。

＊エーレン・ワタダ中尉：2006年6月、イラク戦争は不道徳であり違法であるとしてイラク出兵を拒否した。同年7月、統一軍事裁判法違反(部隊の移動に参加しなかったこと、大統領侮辱罪等)で起訴された。軍事裁判は審理無効を経て中断され、軍は裁判を断念し、2009年10月、ワタダ中尉は陸軍を除隊となった。

Q20 平和への権利では民間軍事・警備会社をどのように規制していますか？

●民間軍事会社という問題

1990年台初頭に東西冷戦が終結して以降、各国は軍事費を削減して軍備を縮小させました。しかし、冷戦が終結したことで「米ソ」というふたつの超大国による締めつけが弱くなり、地域紛争が増加しました。その結果、軍事的人員の必要性が高まり、「民間軍事会社」（Private Military Company：PMC）が増加して、さまざまな紛争で活用されるようになりました。平和への権利がNGOや市民のあいだで本格的に議論されるきっかけとなったのはイラク戦争ですが、そのイラク戦争は、「民間軍事会社なくしては遂行し得なかった」といわれています。

たとえば2004年夏の時点で、イラクに展開する民間軍事会社の人員は2万人に*も達し、アメリカ軍以外の有志連合軍兵士の数とほとんど同じでした。イラク戦争がはじまる前には、民間軍事会社が米軍に図上演習と野外演習を実施しました。戦争中にも、基地の建設、兵士や食糧の輸送など、軍事活動にとって無視できない役割を果たしました。こうした現状を前提とすると、戦争や武力紛争をなくすためには、民間軍事会社などに規制をかけることが必要です。

また、民間軍事会社の人員の法的地位が明確でないことも、重大な問題を引き起こしています。たとえばイラク戦争で国際的な問題となった「アブグレイブ」収容所で

***イラク戦争で派遣された民間軍事会社の人員数**：『戦争請負会社』（P・W・シンガー著、山崎淳訳、NHK出版、2004年）、8ページ。

のイラク人への虐待や拷問事件について、非人道的な虐待に関与したアメリカ軍兵士は軍法会議にかけられた一方、アメリカ陸軍の調査報告書で名指しされた民間軍事会社の人員について、アメリカ軍は裁判権がないと判断し、一人も告発しませんでした。

一方、民間軍事会社の人員の法的保護という点でも問題があります。民間軍事会社の人員の多くがイラク戦争で死傷したとされています*が、民間会社であるために、具体的にどのような被害を受け、どのような補償がなされているか、正確な情報はありません。

●民間軍事会社への規制

いまや、民間軍事会社が存在しなければ、戦争や武力行使は円滑に遂行することができません。したがって、戦争や武力行使をなくすためにも、そして、民間軍事会社の人員の法的な責任や補償のあり方を明らかにするためにも、民間軍事会社やその人員に関して、規制をかけることには重要な意義があります。

諮問委員会草案では、「国家は固有の軍隊および国防上の機能を民間契約者に外部委託することを慎まなければならない」「傭兵の使用は、国際法に違反する」(6条1項)とし、戦争や武力行使に歯止めをかける効果を期待しています。さらに、「国家および国際連合は、国家や政府間機関、国際的非政府機関によって雇われた民間の軍事および警備会社が引き起こした人権侵害について、国家および国際機関の関係および責任を強化し、かつ、明確化なものにしなければならない」(同条3項)とすることで、民間軍事会社の人員による虐殺・虐待について、国際機関や各国が適切な法的しくみを設けることを要請しています。

(飯島滋明)

***民間軍事会社の被害**:イラク戦争での民間人虐殺の代表例である「ファルージャ攻撃」の直接のきっかけとなったのは、2004年3月に発生した殺人事件と死体損傷事件だった。この事件では、アメリカ人4人が殺された上に死体が殴打され、ユーフラテス川の橋につるされた。この4人は「民間人」と報じられたが、実際にはアメリカの庸兵会社ブラックウォーター社の社員だった。

Q21 平和への権利では圧政や植民地支配に対してどのように考えていますか？

●抵抗権とは何か

「抵抗権」とは、もともと国内で独裁者が行うような圧政への個人の抵抗権を意味しました。政治思想としてはジョン・ロックの抵抗権論*が有名ですが、アメリカ独立やフランス革命でも、近代市民革命は圧政に対する市民の抵抗権を基礎として実現しました。

世界人権宣言前文は「人権の無視及び軽侮が、人類の良心を踏みにじった野蛮行為をもたらし、言論及び信仰の自由が受けられ、恐怖及び欠乏のない世界の到来が、一般の人々の最高の願望として宣言されたので、人間が専制と圧迫とに対する最後の手段として反逆に訴えることがないようにするために」人権宣言を作成したと説明しています。

直接対応する規定ではありませんが、日本国憲法前文には「われらは、平和を維持し、専制と隷従、圧迫と偏狭を地上から永遠に除去しようと努めてゐる国際社会において、名誉ある地位を占めたいと思ふ」と書かれています。

つまり、圧政が行われると市民はこれに抵抗せざるを得なくなりますから、専制、圧迫、偏狭を除去することが謳われているのです。

諮問委員会草案では、「圧政的な植民地支配、外国の占領または独裁者（国内圧制）

*ジョン・ロックの抵抗権論：17世紀イギリスの思想家ジョン・ロックが『統治二論』などで、社会契約と抵抗権を論じた。王権神授説を否定し、自由な人びとの社会契約による政府を構想し、国民の信託による政府が、信託に違反して不当に権力を行使すれば、国民が抵抗する権利があるとした。ヴァージニア憲法などに影響を与え、近代抵抗権論の基礎となった。

による支配に対して、抵抗し、かつ反対する権利を有する」（7条1項）としています。これまでの議論を一歩進めて、外部からの圧政的な植民地支配に対する抵抗と、国内の独裁者による圧政とを並列して明示しているのです。

●**植民地支配への抵抗**

ウェストファリア条約（Q15参照）にはじまる近代国際法は、大航海時代後の列強各国による植民地争奪戦争を支える法体系として発展してきました。しかし、第一次世界大戦終結後、レーニンやウィルソンの提唱で人民の自決権思想が普及し、さらに領土変更における関係国の人民の意思の尊重や、政府形態を選択する人民の権利を謳った大西洋憲章（1941年）と、国連憲章（1945年）を経て、植民地主義に対する反省がはじまりました。

1960年、国連総会における植民地独立付与宣言*において、人民は自決権に沿って自由に自らの政治的な地位を決め、自由に自らの経済的・社会的・文化的な開発を遂行できるとされました。1965年には、社会権規約と自由権規約というふたつの国際人権規約の共通1条によって、人民の自決権が「人権」として定められました。

他方、1945〜46年のニュルンベルク裁判で、戦争犯罪や人道に対する罪などが国際犯罪と認定されました。その後、国際刑事裁判所をつくる努力の過程で、国連国際法委員会で「植民地支配犯罪*」の検討がなされましたが、これは実現しませんでした。

こうした歴史を踏まえて、諮問委員会草案では、国際人道法違反の重大人権侵害に反対する権利を定めています（7条2項）。

（**前田朗**）

＊**植民地独立付与宣言**：1960年、国連総会で採択された決議。外国による隷属・支配、基本的人権の否定を構成する搾取、これらへの人びとの従属は国連憲章に反するもので、世界平和と協力の推進にとっての障害であるとし、すべての人びとには自決権があり、その権利によって、自由に自らの政治的な地位を決め、自由に自らの経済的・社会的・文化的な開発を遂行することを得るとしている。

＊**植民地支配犯罪**：1950年代に国連国際法委員会において、ジェノサイド、人道に対する罪、侵略の罪と並ぶ最も重要な国際犯罪として植民地支配犯罪が検討されたが、結局、1997年の国際刑事裁判所規程には成文化されなかった。

Q 22

国連平和維持軍の犯罪の防止はなぜ必要なのですか？

●国連平和維持軍による犯罪防止の必要性

国連平和維持活動（ＰＫＯ）は、国連憲章には明文の規定はありませんが、国連総会で受諾されている活動です（１９６２年、総会決議１８５４）。国連が小規模の軍隊を派遣し、停戦の監視から自衛のための戦闘まで幅広い内容で行われています。

２０００年代に入り、国連平和維持軍による現地女性に対する性暴力がたびたび指摘されています。たとえば、コフィ・アナン事務総長の要請によって作成された「ザイド報告書」*（２００５年）は、コンゴ民主共和国における国連平和維持軍（国連コンゴ民主共和国ミッション、ＭＯＮＵＣ）の兵士が、食料やお金との交換を条件に、コンゴ人の女性や少女と性行為をもったことを明らかにしています。

報告書は、対策として①国連平和維持軍関係者が性的搾取・虐待を行った場合に、被疑者の地位にかかわらず平等に適用する規則の整備、②組織、管理、指揮系統のいずれの側面からも性的搾取・虐待事件に直接対処できる体制の整備、③懲罰規定、賠償義務、および適切と判断された場合には、被疑者に刑事的責任を負わせるなど、平和維持軍関係者の個人責任の明確化の三つを挙げています。ただし、これらの対策を実現させるためには、平和維持軍兵士が過剰な法的保護を受けているという現状を変える必要があります。

*「ザイド報告書」："A comprehensive strategy to eliminate future sexual exploitation and abuse in United Nations peacekeepingoperations", General ,A/59/710.

●免責特権の廃止を

一般的に国連の指揮下において活動を行う兵士は、国連のミッションに基づく活動に従事するという観点から、国連から「免責特権」という強い法的保護を受けています。「国際連合の特権及び免除条約」（1946年）5条18項は、「公的資格で行なった口頭又は書面による陳述及びすべての行動に関して、訴訟手続を免除される」としています。

一方、性的な犯罪に対しては、国連総会は刑事上の責任追及の手続きとして、「訴追が提起された場合」かつ、「性的犯罪が行われたという証拠がある場合」、「刑事訴追を行う自国の機関」に委ねることによって、国連の刑事上の説明責任が果たされるとしています。*しかし、兵士の犯罪は派遣国の法律に基づいて、明確な証拠がある場合に限って処罰されるため、現地の被害者は証拠や証人をそろえたうえで加害者を特定し、派遣国に対して訴追を行わなければなりません。紛争下での犯罪であり、被害の証明や加害者の特定のための証拠・証人などを準備することには困難がともないます。被害者側が、派遣国の裁判所にいかなければならないことも、裁判を実現させる上での大きな障害です。

平和への権利を実現させるためには、平和を維持するための兵士が、現地の人びとの人権や権利を侵害することを防止しなければなりません。諮問委員会草案では、国連平和維持軍兵士の免責特権を廃止すること、派遣国に対して兵士の訴追について実効的調査を行うこと、そして調査の結果を訴追者に知らせることという三つの義務を課しています（8条）。

（**建石真公子**）

＊**国連軍兵士の性犯罪防止のための規定：**「性的犯罪の防止のための特別規定」（2005年3月22日）ST/SGB/2003/13.

Q 23

持続可能な発展の権利はなぜ平和への権利の実現に必要なのですか？

●平和・人権・発展は国連の三本柱

発展は、平和、人権と並び、国連の三本柱のひとつです。これらは、互いに密接に関係しあっています。平和でなければ、人権が守られませんし、発展も享受できないからです。また、衣食住、教育、社会保障や仕事が保障されない状態、すなわち構造的暴力にさらされていれば、人権が守られているとは言えません。戦争の原因にもなり得ます。

諮問委員会草案では、すべての人は発展の権利をもつと規定しています（9条）。具体的には、人権や基本的自由が実現できるような、経済的、社会的、文化的および政治的な発展に参加し、享受する権利（1項）や、十分な食料、飲料水、衛生、住居、保健、衣服、教育、社会保障および文化への権利や労働への権利、労働組合の結成、平等な報酬に対する権利など（2項）です。

●持続可能な発展の権利＝戦争をしないということ

工業化・産業化や人口増加にともなって、エネルギーの消費は増大しました。どれほど人間が自然環境に依存しているかを、わかりやすく伝える指標である「エコロジカルフットプリント」*によれば、現在の状況では、地球の資源がいくらあっても足りないといいます。たとえば、世界中の人びとが欧米や日本のような暮らしをはじめれ

＊エコロジカル・フットプリント： Ecological Footprint。1990年代初頭、カナダ、ブリティッシュコロンビア大学のウィリアム・リースとマティス・ワケナゲルによって提唱された概念。ある地域で必要な食糧生産のための耕地面積や海洋面積、木材・紙生産のための森林面積、工業生産のための資源採掘面積などのほか、二酸化炭素吸収のための森林面積、廃棄物埋め立て・浄化のための面積など、人間の諸活動が環境に与える影響を面積に換算して合算し、その地域の人口で除した1人当たりの数値（ha／人）で表す。人が環境を踏みつけるというたとえから「エコロジカル・フットプリント（足跡）」と呼ばれる。

ば、地球が約2・4個*必要だといわれています。したがって、発展には、地球の自然環境と共存し、将来の世代のことを考慮するために「持続可能」という考えが欠かせません。

持続可能な社会を脅かすのは戦争や紛争です。諮問委員会草案では、持続可能な発展を促進させる義務は、戦争の脅威を排除する義務と同じ意味をもち、さらに、軍縮に向けて努力し、またすべての人びとがこのプロセスに自由に参加をすることができるように努力する義務を意味するとしています（4項）。

持続可能な社会を実現するためにも、軍縮、武器取引の規制など、平和の権利が内包する平和への課題が、国際社会および政府、自治体、NGOなど市民参加によって一つひとつ解決されていく必要があります。

（浅川和也）

＊地球が約2・4個：日本のエコロジカル・フットプリントは4・3ha／人に対して、持続可能な割り当て面積は1・8ha／人とされている。ちなみにアメリカのエコロジカル・フットプリントは9・5ha／人で、5・3個分の地球が必要。データは世界自然保護基金「Living Planet Report 2004」から。

Q24 環境権はなぜ平和への権利の実現に必要なのですか？

環境破壊は、人びとの生活をおびやかします。戦争は環境破壊をもたらすもっとも大きな要因のひとつです。諮問委員会草案では、すべての人びとは、安全で清潔かつ平和的な環境に対する権利を有する（10条1項）としています。

●環境問題に国境はない

私たちの暮らしは、環境にはたらきかけ、それを利用することで成立しています。しかし、人口が過剰になり、森林伐採によって衰退した文明も少なくありません。近年は、公害や環境汚染、また気候変動による大災害なども発生しています。

1972年の国連環境会議（ストックホルム）では、ヨーロッパで酸性雨が問題になりました。また、フロンガスによるオゾン層の破壊など、環境問題は、国境を超える問題となりました。

1992年のリオデジャネイロでの国連環境開発会議（地球サミット）では、環境分野での国際的な取組みに関する行動計画、「アジェンダ21」が策定され、各国は、地方自治体によるローカルアジェンダを作成することが求められました。日本では環境基本計画がつくられ、そのための基準も設定されました。住民参加による合意形成が重要とされ、NGOなどの市民との連携も活発になされるようになってきています。

●宣言草案が規定する環境権への国家の義務

諮問委員会草案では、気候変動を緩和させることは国家の義務であるとしています（同条2項）。また、他国への武力行使による環境破壊に対しても責任を負わなければならないとしています（同条3項）。

大気や海洋、河川汚染は複数国にまたがり、国境を超えて生命に危険をおよぼします。化学物質の管理や絶滅危惧種や生物多様性を保全するための国際条約の整備もすんでいます。国家や国際機関が環境保全の責任を果たすとともに、平和への基盤を形成するために市民とともに取り組むことが必要です。長期的な環境保全は、私たちだけでなく将来世代の権利にもかかわることから、国家が責任を負わなければなりません。

●環境権を侵害する原子力発電所や軍事基地

2011年3月に発生した福島第一原子力発電所事故は、「原子力の平和利用」のもと国策としてすすめられたエネルギー政策の問題を露呈しました。二酸化炭素排出削減や温暖化防止、あるいは経費の面から原発推進がなされましたが、安全神話は崩れてしまいました。現在でも、私たちの安心して生活する権利は奪われたままです。残念ながら平和への権利には、放射線の被害にあわずに生活する権利は含まれていません。そこで、原発事故で被災した福島のNGOは、その経験をもとにこうした権利を盛り込むよう人権理事会で要請しています。

さらに、軍事的行動や軍事基地の建設なども環境をおびやかすものであり、平和への権利を実現させるためには、これらについても環境権という概念から規制していくことが必要です。

（浅川和也）

Q25 平和への権利は人権侵害の被害者救済にどのように役立ちますか？

●日本の裁判所は個人による賠償請求権を認めていない

第二次世界大戦の戦後補償や、民族紛争や民族虐殺後の平和構築と補償など、和解と補償をめぐる問題は、国際的な課題となっています。

現在、第二次世界大戦中に従軍慰安婦となったり、強制連行されたりした中国や韓国の戦争被害者が、日本国政府に対して損害賠償責任を求めて戦後補償裁判を起こしています。しかし、日本の裁判所は、個人が外国の政府に対して直接損害賠償請求をできる国際慣行は成立していないとして、個人の賠償請求権を一貫して認めていません。また、空襲や原爆の被害者や治安維持法などで戦争中弾圧された被害者など、国内の戦争被害者に対しても、「戦争中は被害を受忍すべき」などといった理由で、裁判所は国の賠償責任を認めていません。アメリカの裁判においても、ヴェトナム戦争における枯葉剤被害者の被害賠償を求める裁判では、被害者の賠償請求は認められていません。

●人権侵害の回復の原則は戦後補償や民族紛争の解決に資しつぎの戦争を抑止する

平和の権利には、人権侵害を受けた個人が、国家や国際機関に被害回復を要求する権利が含まれるべきです。諮問委員会草案では、人権侵害があったときの被害者の権利回復の原則について、①侵害事実を調査し、侵害した責任者を明らかにして、処罰させること。②被侵害者の社会復帰と被害補償などの救済を受けること。③侵害を繰り返さないことを保障させることと規定しています（11条1項）。

さらに、そのような被害者、とくに戦争被害者に対して「平和への権利」被害者として格別の注意に値するとしています（同条2項）。なかでも侵略、集団殺害、人種主義、人種差別、排外主義およびその他これらに関連する形態の不寛容またはアパルトヘイト、植民地主義、および新植民地主義の被害を受けた者は、すべて平和への権利を侵害された被害者であるとしています。

平和への権利が国際法典化され、個人が国家に要求できる国際人権となれば、人権侵害が発生した場合、その被害の回復と補償を実現させることができると同時に、つぎの戦争を抑止する重要な力になっていきます。

●**脆弱な立場の人に対するさまざまな形の暴力**

南米やアフリカなどでは、弁護士や裁判所などに経済的、制度的にアクセスすることすらできないなど、人権侵害の被害者が権利回復できるような環境にない国もめずらしくありません。権利回復のために声を上げることで、かえって生命の危機に瀕することさえあります。日本でも、家庭内暴力（DV）の被害女性や、人身取引で性的な搾取を受けた国内外の女性は、権利回復の声を上げることが簡単ではありません。

このような被害者に対する救済が保障されなければ、「平和のうちに生きる権利」も絵に画いた餅です。諮問委員会草案では、先住民族、女性などへのさまざまな形の暴力に対する救済を強調しています（同条3項）。平和への権利が世界標準の権利になることで、人権侵害の被害者の権利救済も大きく前進していくでしょう。

（菅野亨一）

Q26 平和への権利には難民や移住者の権利も含まれていると聞きましたが？

●難民・移住者問題の背景

難民*とは、政治的対立や内戦のほか、人種、宗教上の差別などが原因で母国を脱出して他国に移動した人びとのことを指します。しかし、移動した先の国で難民としての地位が認定されなければ、その国に合法的に在留することはできません。

一方、母国での経済的な困窮などのために国外に移住した人びとのことを移住者といいます。移住者も移住先の国での在留資格を認められなければ非合法な在留であり、また、在留資格を認められたとしても、一般国民と同等の待遇を受けることはできません。

ヨーロッパでは、従来、移民（難民・移住者）を比較的多く受け入れてきました。しかし、１９７０年代以降、移民問題が大きな社会問題となっています。失業者数の増大や治安の悪化などの社会不安が拡がり、閉塞感が漂う中で、その原因が移民の存在に向けられ、移民の国外追放や排斥を目指す運動や政策がとられる傾向が高まっています。

日本は難民の受け入れ数が極端に少なく、アジアからの移住者に対しても、在留資格やその管理について厳しい政策*をとっています。しかし、経済的な事情から日本に入国したい移住者は多く、そのことを利用してブローカーなどが暗躍し、非合法に入

***難民の定義**：難民（refugees）とは、①人種、宗教、国籍若しくは特定の社会的集団構成員であること又は政治的意見を理由に迫害を受けるおそれがあることに十分な理由があり、その迫害に恐怖を有していて、②国籍国の外にいるか無国籍者となっていて保護を受けられず帰国できないか、これらの国により保護を受けることを望まない人々と定義されている（難民の地位に関する条約１条A）。

***日本の条約難民認定数（２０１３年度）**：申請者が３２０６人、不認定処分に対する異議申

国した移住者*が搾取される事例が後を絶ちません。

●難民・移住者の権利の保護が世界の人びとの「平和に生きる権利」の保護につながる

国家は、移住者の入国や滞在の条件を決める権利を有しています。しかし、その政策によって、難民や移住者の権利を十分に保護することもできます。

難民・移民の権利保護が不十分なまま、一方的に彼らを社会不安の原因や安全保障上の脅威と見なすことは、社会不安をさらに拡大させるだけでなく、送出国と受入国の深刻な対立をも招きかねません。

平和への権利が目指す「平和」とは、単に戦争のない状態だけではなく、経済的な格差や貧困などの構造的な暴力のない状態でもあります（Q5参照）。難民や移住者を脅威や不安の対象とせず、一般国民と同じく権利を保護すべき人間として扱うことで、彼らに対する構造的暴力を減らすことができます。

また、人は生まれながらにして平等に生存する権利があるわけですから、どの国に居住していようとも、可能な限り一般国民と同等の権利が保護されるべきです。それが、世界の人びとの「平和的に生きる権利」を保障することにつながります。

●宣言草案が保護する難民・移民の権利

諮問委員会草案では、母国で迫害を受けて国外に脱出し、帰国できない難民に対して、難民の地位を求める権利を規定しています（12条1項）。また、迫害の原因がなくなった場合に母国に帰還する権利も認めています（同条2項）。また、移民についても、すべての移民の人権を保護する義務を国家に課しています（同条3項）。

（長谷川弥生）

立が２４０８人であるのに対して、難民認定はわずか６人と、難民認定者数が極端に少なく、国際的に批判を浴びている。

＊非合法な移住者の実態：非合法に入国する移住者の大半は女性。ブローカーを通して偽装結婚をするなどして入国する。多くは、借金を負わされ、おもに性産業での就労を強制される。非合法に入国していることから公的機関に助けを求められず、搾取され続ける。このことから、日本は世界でも有数の人身取引の受け入れ国として、２００４年のアメリカ国務省人身取引報告書において（人身取引状況の）「監視対象国」と指摘されたことがある。

Q27 平和への権利を保障するのはだれですか？

●宣言の履行主体

平和への権利国連宣言が国連総会で採択されれば、宣言を履行し平和への権利を保障する主体は国連加盟諸国ということになります。

世界人権宣言（1948年）は国連総会において採択されましたが、当初、各国が果たすべき具体的な法的義務はなく、一般的な宣言と解釈されていました。しかし、その後も世界人権宣言を基礎としてさまざまな人権条約が採択され、基本的人権の尊重・遵守が当然とされるようになると、世界人権宣言そのものにも法的拘束力*があると考えられるようになりました。

平和への権利国連宣言もはじめは単なる宣言にとどまるかもしれませんが、国連宣言を尊重する国際慣習が確立すれば、法的拘束力のある宣言に発展することが期待されます。まずは、各国は平和への権利の実現達成に向けて、国内法を整備・発展させ、周辺諸国との地域的協議機関を設置するなど、平和構築に努めなければなりません。平和運動や人権運動は、自国の政府に働きかけるとともに、周辺諸国の人民とも連帯して総合的な平和施策を策定し、地域の平和を維持する恒常的な運動をつくり上げなくてはなりません。こうした積み重ねを経て、平和への権利宣言にも法的拘束力を持たせることができるのです。

＊**法的拘束力**：条約、議定書、覚書などの国際文書は、その名称にかかわらず法的拘束力があり、批准した当事国は履行しなければならない。しかし、宣言はそれ自体は法的拘束力がないと理解されてきた。ただし、宣言中の条項の具体的内容が慣習国際法の地位にあるとみなされた場合は法的拘束力があるとされる。世界人権宣言は、現在では慣習国際法と考えられている。ところが、国際自由権規約や社会権規約、女性差別撤廃条

また、宣言が採択されれば、すべての国家に宣言を履行する義務が発生しますから、国家の協調的な努力を調和させるもっとも普遍的な機関としての国連にも、それに応じた義務が生じます。一般的にはそれは法的義務というよりも、各国の履行、実施状況をモニターする努力義務ですが、諮問委員会草案は加盟各国に対するモニタリング活動は国連の基本的義務であるとしています（13条）。とくに国連人権理事会は平和への権利を尊重し、各国の実施状況を監視し、関連する国連機関に報告をおこなうために、特別手続を設置することが求められています（同条5項および6項）。

国連はもともと、加盟国の協力によって国際平和と安全を維持する機関ですが、平和への権利が国連で宣言されれば、加盟各国には国連のモニタリングの実効性を強化するためのいっそう強い協力の責務が発生すると考えられます。

●市民社会と個人の役割

しかし、平和への権利を効果的かつ実践的に実現するためには、国家や国連の努力だけでは不十分です。諮問委員会草案では、より積極的に市民社会、とくにアカデミア、メディアおよび企業に対して、包括的で積極的な貢献、ならびに国際コミュニティ全体による幅広い協力を要求し、平和への権利の実践を求めています。

さらに、すべての個人および人権NGOなどの社会的機関は、国内外のあらゆる場所において、普遍的で効果的、かつ漸進的な方法で、平和への権利の承認とその遵守が確保されるように努力をしなければなりません。個人は平和への権利の主体ですから、権利の享受を求め権利を行使すると同時に、権利を尊重し促進する努力が求められるのです。*

（前田朗）

約などの人権機関が出した勧告について、日本政府は2013年にこれらの法的拘束力を否定し、これを拒否する閣議決定をし行った。

***個人やNGOに求められる努力**：権利の享受には一定の義務や責任がともなう。自分だけが平和への権利を享受すればよいということはありえない。個人が属する社会や、さらには国際社会における平和への権利の実現のために、個人やNGOが連帯していくことが重要である。

Q28 平和への権利を実現するには国際人権法の遵守が必要と聞きましたが？

●平時における人権保障と国際人権法

平和への権利を実現するためには、まず武力による紛争がない状態を維持すること必要です（平和維持、Q4参照）。ひとたび武力紛争がはじまれば、人びとは生活や自由、ときには生命までも失う危険があるからです。そして紛争がない状態を維持するためには、軍縮を進めると同時に、そもそものような武力紛争を生まない社会をつくることが大切です（平和構築、Q5参照）。たとえば、民主的な統治や人権保障、差別のない社会の実現などです。

国際人権法は、そのような平和の維持や構築を目指して、平時に、各国内で、「すべての人」に「共通の人権」を保護するように国に義務づける制度です。つまり、一定の共通の人権が、世界中で保障されることにより、ある国の固有の状況下で重大な人権侵害が起きることを防ぐことを目的としています。

このように、人権と平和を結びつける考え方は、第二次世界大戦時のナチズムやファシズムの経験から生まれました（Q3参照）。すなわち、一国の国内における人権侵害が国際社会の脅威となったという認識から、人権はたんに国内問題ではないと考えられるようになったのです。国連の起草した国際人権法には、世界人権宣言をはじめとして、国際人権規約（自由権規約・社会権規約）、女性差別撤廃条約、子どもの権利条約など数多くあります。政府がこれらの条約の定めている権利を国民に保障しているかを、国民が監視することが必要です。国際人権法をまず国内で遵守して実現することが、結果として世界における平和の構築につながるからです。

●武力紛争時における人権保障と国際人権法

一方、武力紛争時など非常事態においては、国家は、人権条約に定められた権利を保護することがむずかしくなるため、予め、そのような場合には権利保護の義務を一時的に免除するという規定を条約中においています。これを、免脱*（デロゲーション）といいます。しかし人権条約は、そのような場合でも一定の権利に関しては免脱を禁止しています。免脱が禁止された権利とは、どのような場合においても絶対的に保障しなければならない権利を意味し、これを国際人権のミニマム・スタンダード（最低限の共通基準）とする解釈もあります。

このミニマム・スタンダードな権利は、それぞれの人権条約で少しずつ異なっています*。たとえば自由権規約では、生命に対する権利（6条）、拷問または残虐な、非人道的もしくは品位を傷つける刑罰、自由に示された同意のない医学的・科学的実験の禁止（7条）、奴隷、奴隷取引、隷属状態の禁止（8条1、2項）、契約上の義務を履行できないことを理由とする拘禁（11条）などです。

このように、国際人権法は、国際社会において、平時には平和維持に欠かせない人権を保護し、武力紛争時においても、国家に対して最低限の人権保護を義務づけています。国家の武力行使に人権保護という歯止めを設けるという意味で、人権条約は平和への権利の実現にとって非常に重要な役割を果たしているのです。

（建石真公子）

***免脱**：武力紛争時でも、国家は免脱の宣言をしなければ、国家は、国際人権規約等の人権条約が保護しているすべての権利を、国民・外国人の区別なく管轄にある人びとに対して保障しなければならない。万が一、権利について免脱をした場合でも、一定の免脱できない権利に関しては保護の義務を免れることはできない。

***人権条約ごとのミニマム・スタンダードな権利の違い**：ヨーロッパ人権条約では、生命に対する権利（2条）、拷問・非人道的な取り扱いの禁止（3条）、奴隷・隷属状態の禁止、罪刑法定主義。

コラム

NGOによる平和運動の金字塔、サンチアゴ宣言

諮問委員会草案の内容を基礎づけているもののひとつに、NGOによって作成された「サンチアゴ宣言」(2010年)があります(Q10参照)。2005年にはじまった平和への権利国際キャンペーンは、それまでも毎年NGO宣言を発表してきましたが、その集大成として、スペインにおけるカトリック教徒の巡礼地、サンチアゴ・デ・コンポステーラで「サンチアゴ宣言」が採択されたのです。

サンチアゴには世界中から国際法学者、国連の専門家、平和活動家らが集まり、3日に渡って議論が交わされました。日本からもNGOが参加し、米軍基地問題や平和的生存権などについての判例を紹介しました。その結果、外国軍事基地を段階的に解消していく権利や、平和的生存権の規定が取り上げられました。

このように、サンチアゴ宣言のすばらしさは、平和の実現のために権利化した方がよい事項を網羅的に取り上げている点にあります。

サンチアゴ宣言は、1999年に国連総会で採択された「平和の文化に関する宣言と行動計画」(A/RES/53/243)の内容も引き継いでいます。この宣言と行動計画は、平和の文化を、単に戦争のない状態ではなく、教育と対話を通じた非暴力の実践、人権の尊重、発展と環境、男女平等、表現・情報の自由、移民・難民の受け入れなどを通して実現できるものと規定し、その実現のためにすべき行動を提起しています。

サンチアゴ宣言は、これらの要素を取り入れ、個人や集団の「権利」として再構成したのです。2条(平和教育)、3条(健康的な環境に対する権利や欠乏からの自由)、4条(発展の権利)、8条(意見・表現の自由)、9条(移民の権利)、12条(弱者の権利や女性の参加)などの各条文にそれが表れています。そして、それらが国連人権理事会の諮問委員会草案の各条文に反映されていったのです。

(笹本潤)

第3章

平和への権利は国際社会にどんな影響を与えますか?

Q 29

欧米諸国は平和への権利を国連で採択することに反対していると聞きましたが？

●平和は人権ではない？

平和への権利を国連で採択することに、アメリカは強く反対してきました。ヨーロッパ諸国は、アメリカほど一貫してはいないものの、棄権か反対の立場をとっています。欧米が反対するおもな理由は、つぎの三つにまとめられます。

第一の理由は「そもそも平和は人権ではない」というもので、欧米諸国が反対する最大の理由です。アメリカは、平和と人権とのあいだには一定の関係があることは認めながらも、「平和を人権そのものと考えることはできない」とくり返し述べています。この主張は、平和の問題を国家間の交渉や力関係のみによってとらえる（Q8参照）という、旧来の考え方に基づいています。また、アメリカは「平和の問題は人権理事会ではなくて安全保障理事会で議論するべき」という主張もくり返していますが、これも同じ考え方に基づく主張です。安保理で議論することで、米国は安全保障の政策に対する自国の影響力を保つことができますし、平和の問題に関する安全保障理事会の優位を守ることもできるからです。＊ いいかえると、平和を人権としてとらえることは、平和の維持や実現に関する議論を一部の大国の手から私たち市民社会に取り戻そうとする試みでもあるのです。

さらに、平和が人権であるならば、国連憲章で認められている集団安全保障体制や

＊**安全保障理事会の優位性**：国連憲章は、国際の平和と安全の維持に関して、国連総会と安全保障理事会が権限を有すると定めていますが、12条は総会よりも安全保障理事会の権限を優先

集団的自衛権、大国などが頼っている核抑止政策などが、人権を実現するのに役立つものかどうかという点から見直される可能性が出てくるでしょう。欧米諸国は、平和への権利がもつこうした幅広い影響についても懸念していると考えられます。

●平和への権利の内容は未確定？

第二の理由は「平和への権利の内容について国家間の合意は存在しない」というものです。たしかに、平和への権利の具体的な内容はまだ確定していません。それでも平和への権利の基礎となるさまざまな人権は承認されています。人権理事会で現在行われている議論は、まさにその内容を明確にするためのものです。完全な合意がないことを理由に合意をつくり出す作業自体に反対することは、本末転倒です。

第三の理由は、平和への権利が個人の権利であると同時に集団の権利でもあると主張されていることについての反対です。*

西欧に起源をもつ人権とは、もともと個人の基本的な権利と考えられてきました（Q13参照）。ですから、人民が集団として人権をもつことについては根強い反対があります。この点はこれからの議論を見守っていく必要がありますが、少なくとも個人の権利としての平和への権利も含めたすべての議論を拒否することは正しいとはいえません。

（武藤達夫）

させている。

***集団の権利への反対**：平和への権利以外にも、国際人権規約（自由権規約、社会権規約）に規定された自決権（1条）、アフリカ人権憲章に規定された自決権（20条）、発展への権利（22条）、平和と安全に対する権利（23条）、環境に対する権利（24条）なども、人民の権利（集団の権利）とされており、過去に集団の権利がまったく認められていないわけではない。

Q30 国連とはそもそもどのような組織なのですか？

●連合国が国連になった

国連は国際連合（United Nations）の略称です。もともとは、第二次世界大戦でドイツ、イタリア、日本の三国同盟（枢軸国）と戦った連合国（United Nations）を意味しました。つまり、アメリカ合衆国、連合王国（イギリス）、ソビエト社会主義連邦（ソ連）、中華民国（中国）、フランス臨時政府を中心とした国ぐにです。

第二次世界大戦は、1939年9月1日、ドイツがポーランドに武力侵攻してはじまります。ドイツはその直前の8月23日にソ連と不可侵条約を結んでいましたが、1941年6月22日、一転してソ連に奇襲攻撃をしかけました。ドイツのこの動きに、アメリカとイギリスは素早く反応し、わずか2カ月足らずで「大西洋憲章*」を発表しました（Q21参照）。これは、戦後世界をどう構想するかについて基本原則を定めたものでした。

その後、1942年1月1日に26カ国が参加して「連合国共同宣言」を発表し、さらに、1945年4月25日、アメリカのサンフランシスコに50カ国が参加して会議が開かれ、イタリア、ドイツが相次いで降伏した後の6月26日、国連憲章が採択されました。

こうして、最初は米英2カ国の共同宣言に過ぎなかったものが、3カ国（ソ連の参加）、4カ国（中華民国の参加）と広がり、さらに50カ国（後に1カ国も参加）の合

＊太西洋憲章：太平洋戦争開戦前でアメリカはまだ参戦していなかったが、戦争終結後の領土不拡大をはじめとして、政府の形態を選択する人民の権利、恐怖と欠乏からの自由などを宣言した。

＊日本の「敵国条項」：国連憲章53条第1項後段、107条、77条は、第二次世界大戦中に「連合国の敵国」についての規定がある。とくに53条は、敵国だった国が、戦争によって確定した事項に反したり、侵略政策を再現する行動などを起こしたりした場合、国連加盟国や地域安全保障機構が安保理の許可なしに軍事的制裁を課すことを認め、

意として国連憲章が誕生したのです。そのとき、日本はまだ「国連の敵国」*でした。

●国連の普遍的性格と理念

国連には地域的な限定がありません。*この点で、欧州連合やアフリカ連合などの地域的国際機関とは異なります。また取り扱う事項や管轄事項にも限定がありません。この点で、世界保健機関（WHO）や国際労働機関（ILO）という専門国際機関とは異なります。その意味で国連は普遍的な国際機関だといわれています。

国連の理念は、国連憲章前文によれば、①戦争やそのほかの武力の行使を禁止するだけではなく、共同体を結成するという方法を通じて、国家間の戦争など、国際紛争を平和的に解決することをめざすこと、②意思決定主体（国家）の対等性（主権の平等）を貫き通すことによって、紛争を未然に防ぐこと、③寛容を重視し、善良な隣人関係を確保することを外交の基本とすること、④国籍を問わずに、すべての人民の経済的・社会的発達を促進するため努めることです。

前文には、平和という価値や目標が、個人の権利ないしは集団の権利であるとは書かれていません。しかし、たしかなことは、「われら連合国の人民」が、政府を通じて国連という国際機関を設立するにあたって、国際の平和と安全保障は不可欠な目的だとされていたことです。その意味でも、平和への権利を宣言することは、国連の理念を実現するひとつの有力な手段であって、国連の役割を補強するものだといってもよいでしょう。

（新倉修）

107条は、旧敵国の行動に対して責任を負う政府が戦争の結果としてとった措置は国連憲章によって無効にされないとしている。1995年12月11日の総会では、これらの条項を削除する決議がされたが、108条の要件を満たしていないため、未発効。

***地域的限定がない**：2014年6月末現在、加盟国は193カ国。1949年に成立した中華人民共和国が1972年に中国として加盟を認められ、中華民国（台湾政府）が除名された。いわゆる分裂国家といわれる朝鮮人民民主主義共和国（北朝鮮）と大韓民国（韓国）は1991年に同時加盟。「旧敵国」のうちイタリアは1955年に、日本は1956年にそれぞれ加盟が認められ、ドイツ民主共和国（東ドイツ）とドイツ連邦共和国（西ドイツ）の同時加盟は1973年。その後、1990年に東西ドイツが統一され、統一されたドイツだけが加盟国となる。中立国政策をとっているスイス連邦は2002年に加盟。

Q31 国連人権理事会で平和への権利が確定する意義はなんですか？

●人権理事会は国連人権活動の中心

国連人権理事会で平和への権利が確定されるということは、平和への権利が国際的に尊重されるべき人権基準のひとつとして承認されることを意味します。同時に、平和への権利の尊重を促進することが、国連の正統な目的のひとつとして認められるという意義もあります。このような意義の重要性を理解するためには、そもそも人権理事会とはどのような組織なのかについても知っておくことが大切です。

人権理事会は２００６年に人権委員会を引き継いで誕生しました。この人権委員会は、国連憲章に根拠規定のある数少ない委員会のひとつとして、１９４６年に設置*されたものです。

国連憲章では、人権の尊重を促進することが国連の目的のひとつとされています。しかし、人権の内容について、国連憲章は具体的に規定していません。そこで、国際的な人権基準を設定し、人権を実現するための中心的な役割を人権委員会が担うことになったのです。実際、人権委員会は国際人権規約、子どもの権利条約、人種差別撤廃条約など、多くの人権条約の起草に携わってきました。

人権委員会はまた、人権の国際的な促進についても大きな役割を果たしてきました。国連の発足後も、多くの国は自国の人権状況を国連で審議されることに抵抗してきま

***人権委員会の設置**：国連憲章68条を根拠規定として、１９４６年の経済社会理事会決議により、同理事会の機能委員会のひとつとして設置された。ほかの機能委員会としては、社会開発委員会、女性の地位委員会、持続可能な開発委員会などがある。

***人権委員会の革新的手続**：国別審議は経済社会理事会決議１２３５（XLII）によって認められた。もともとはアパルトヘイト（人種隔離政策）に対処す

したが、人権委員会は、重大な人権問題について国別の公開審議を行ったり、一定の人権侵害について、個人やNGOからの通報に基づいて非公開審議を行ったりするなど、革新的な手続*や制度を取り入れてきました。

●平和への権利の実現状況も審査対象に

人権委員会は、2006年の改組によって人権理事会となり、国連総会の補助機関となりました。人権理事会に改組されてからは、その権限も一層強化され*、国連加盟国の人権に関する報告書を4年ごとに審査する「普遍的定期審査*」という制度を設けて、各国の人権状況について審議し、勧告を行っています。すべての国連加盟国の人権状況について公平な審議を行うことは、画期的なことです。

平和への権利の内容が人権理事会で確定すれば、この定期審査でも平和への権利の実現状況について問うことが可能になります。人権理事会にはNGOの参加が認められており（**Q11**参照）、安全保障理事会など、ほかの国連機関と比べて、市民社会に対して開かれています。平和への権利に関する議論や審査を、このように開かれた場で行うことは、私たち市民一人ひとりが安全保障に関する審議に参加する道を開くことでもあるのです。

（**武藤達夫**）

るためのものだったが、後に、すべての重大な人権侵害に対して適用されるものとして発展した。通報手続きは経済社会理事会決議1503（XLVIII）によって認められた。

***人権理事会の権限強化**：人権理事会は、国連総会で選挙される47の理事国から構成される。理事国の選挙に際しては、候補国の人権状況も考慮に入れられる。人権理事会は、年間少なくとも3回にわたって合計10週以上の開催が約束されたほか、理事国の3分の1の要請によって特別会期も開催でき、継続性のある活動が可能となった。

***普遍的定期審査**：UPR（Universal Periodic Review）と呼ばれる。人権理事会の審議の原則である普遍性、公平性、客観性、および非選別性を保証する制度として、すべての国連加盟国について、特定の条約に限定されない普遍的な人権義務および約束の履行状況を審査する画期的な制度。

Q32 平和への権利が国連で採択されれば安全保障理事会を制限できますか？

●安全保障理事会の地位

安全保障理事会（安保理）は、平和に対する脅威、平和の破壊または侵略行為の存在を認定し、国際社会の平和と安全を維持したり、これを回復したりするために必要な勧告を行ったり、非軍事的措置あるいは軍事的措置をとったりすることができます（国連憲章39条～41条）。

国連の目的のひとつは国際の平和と安全保障の実現にありますが、これを担当するのが安保理であり、安保理の決議は、加盟各国に対して法的な拘束力をもちます（国連憲章25条）。安保理は5カ国（Q10参照）の常任理事国と、10カ国の非常任理事国で構成されています。決定は常任理事国の賛成を含む9カ国以上の多数決で行われます。しかし、たった9カ国が賛成したことに193カ国の加盟国全体が拘束されるため、ときには緊張を招くこともあります。なぜなら、国連の基本的な原則は、主権の平等であり、すべての構成国は平等なものとして扱われるはずですから、この原則と矛盾するからです。

●安保理の泣き所

さらに、常任理事国が反対（拒否権を発動）すれば、安保理は何も決定することができません。公然と武力の行使があったとしても、常任理事国が賛成か棄権しない限り、安保理では何も決定することができません。クリミアのロシア編入問題*では、安保理で何がしかの決定を検討した形跡すらありません。これが安保理の泣き所です。

加盟国の分担金と権限とのアンバランスという指摘もあります。分担金は経済力(国民総生産額)に応じて国連総会で決定されます。分担金の多い日本やドイツなどは安保理の常任理事国の枠を広げるよう主張しています。

●宣言が採択されたら、安保理はどうなるのか?

これには法的な面から見た影響と事実上の影響というふたつの面があります。まず法的な面では、人権理事会が平和への権利を決議しても、安保理を拘束する法的な力はありません。安保理は、人権理事会の決議の有無にかかわらず、独自の立場から、独立した権限をもって決定をしたり、しなかったりすることができます(Q8参照)。

ただし、平和への権利が採択されれば、それを完全に無視することはできなくなるでしょう。ある範囲では、平和への権利に含まれる内容を安保理決議に取り入れたり、基本的な精神は尊重するという気遣いを見せたり、あるいは、平和への権利を遵守するように安保理の理事国が主張したりすれば、たとえば武力介入をするという決定ができなくなる、という可能性が出てきます。とくに常任理事国が反対する場合は、前述の通りいかなる決定もできません。その意味では、超大国による実力行使を制限することは可能だ、といってもよいでしょう。以上が事実上の効果であり、この効果を発揮させる努力が重要です。

(**新倉修**)

***クリミア問題での国連の決定**:2014年3月27日、国連総会で、クリミアのロシア編入問題に対して「ウクライナの領域保全」という決議がされた(A/68/L.39 and Add.1)。この決議は、国連加盟国に対する法的拘束力はないが、安保理での決定に代わるものと見ることができる。

Q33

平和への権利が国連で採択されるとすぐに法的な拘束力が発生しますか？

●平和への権利が国連総会で採択される意味は？

ふたつの意味が考えられます。

ひとつ目は、法的な意味です。国連総会はどんなことでも決議できますが、それが直接、加盟国を法的に拘束するわけではありません（国連憲章10条）。とはいえ、国連総会で加盟国の過半数が決議したことは、たいへん重い意味があり、多くの国は決議の内容が国際法の中身だと考えているということを意味します。いいかえると、条約とは違いますが、国際法の存在や意味が問題になる際に、その国際法の意味を確認する手段として、国際的な慣習法があるという証拠として使うことができるわけです。

ふたつ目は象徴的な意味です。これも重要です。国連総会はすべての加盟国が参加している会議ですので、各国がどのような意見をもっているのかがわかり、同じ意見をもった国同士が結びつき、国家的な連携をつくって国際社会をリードするということがあり得ます。つまり、平和への権利の内容が過半数の加盟国によって承認されることで、さらにその内容を確認したり、補ったりすることが国際的な規模で進み、ひいては国際社会を変えていく可能性があるのです。

●平和への権利に強い法的拘束力をもたせるためには？

ひとつの方法は条約をつくることです。また、あらゆる場面で平和への権利を主張し、国内裁判所を使って判例をつくり、国会で立法したり地方議会で条例をつくったりすることです。さらに、国際刑事裁判所に提訴したり、国連人権理事会に意見を述べたり、さまざまな人権監視機構*に働きかけたりする方法もあります。

国内法や国内裁判所の判決なども、「国家実行*」として、一般的な慣習国際法の存在を推定する根拠として考慮されることがあります（国際司法裁判所規程38条）。市民が平和への権利を活用し、政党がこれを政策綱領やアジェンダに掲げ、議会で多数を占めるならば、平和への権利を実現する政策を具体化したり、この問題に消極的な態度を取る外国政府を説得したり、協議にもち込んだり、意見交換をしたりして、国境を越えて平和への権利を世界中に広げることができます。

さらに、平和教育をすすめたり、平和を尊重する姉妹都市協定を結んだり、外国軍隊の駐留を断ったり、外国軍艦の寄港を拒否したり、空軍基地の使用を拒み、あるいは外国軍事基地の返還を求めたりすることもできます。貧困や恐怖をなくすための対外援助に軍事費を振り向け、小型火器の製造や輸出入を規制するような行動を提起して、まさに平和外交を推進することもできます。

（新倉修）

＊さまざまな人権監視機構：自由権、社会権、拷問禁止、人種差別、女性差別、児童の権利、障害者差別などの条約ごとに、その履行状況を監視するため国に定期的な報告を求め、NGOなどの意見も踏まえて審査し、改善点を勧告する制度。

＊国家実行：国家の個別的な行為で、2回以上反復継続して行われると「慣行」として認められ、「法的な信念」として拘束力があるという認識が加わると、それを根拠として慣習国際法が形成されたと認められることがある。国際司法裁判所は、裁判の基準として、条約以外に「法として認められた一般慣行の証拠としての国際慣習」も考慮する。

Q34 平和への権利が実現すれば各国の軍事行動に反対して裁判を起こせるそうですが？

●国際刑事裁判所に訴追される可能性

国際法は、原則として「約束したことにのみ拘束される」という仕組みになっています。したがって、軍事行動をした国が平和への権利についての国際文書を承認している場合には、国際法違反とされます。

また、平和への権利が侵害されて、さらに「侵略犯罪*」にあたる場合には、国際刑事裁判所に刑事訴追をされる可能性があります（Q35参照）。平和への権利を承認していない国でも、国際刑事裁判所規程（ローマ条約*）に加盟している場合には、訴追される可能性があります。また、国際刑事裁判所規程加盟国でなくても、国連安全保障理事会が国際刑事裁判所に付託*することを決議した場合には、違反行為に関わった個人（国の代表や軍隊の司令官など）がやはり訴追される可能性があります。

●国内で裁判を起こすことができる場合がある

そのほか、国内で裁判を起こすことができる場合があります。たとえば、平和への権利を侵害する行為が、国内刑法で罰する犯罪に当たる場合で、しかも、国外で行われた行為でも、国内の刑事裁判所で罰することができるという規定（これを世界主義や普遍主義による裁判*といいます）がそれぞれの国内刑法にあれば、軍事行動をとった外国の国民や、軍司令官、国家元首などに対して、国内で裁判を起こすことができ

*侵略犯罪：国家による国際連合憲章の明白な違反を構成する侵略の行為の計画、準備、着手または実行をいう（ローマ規程8条の2）。侵略犯罪は、当初から国際刑事裁判所の対象犯罪である（ローマ規程5条1項（d））が、具体的には、2010年6月のカンパラ会議で規程の改訂が決議され、現在までのところ、批准国は13カ国（2013年7月21日現在）にとどまり、発効要件である30カ国に達していない。

*国際刑事裁判所規程（ローマ条約）：集団虐殺犯罪、人道に反する犯罪、戦争犯罪、侵略犯罪という重大な国際犯罪を裁く国際刑事裁判所の設置を決めた条約。締約国は122カ国で、日本は2007年に批准した。

ます。

●人権理事会では何ができるか

人権理事会は4年に1回、定期的に国連全加盟国の人権状況を審査します。これを普遍的定期審査（UPR）といいます（Q31、48参照）。人権理事会が発足する前には、人権委員会が人権問題を担当していましたが、その当時にも、人権条約の履行状況を審査するために、国家通報という制度がありました。これは、他国の人権問題を国家が人権委員会に通報するという仕組みです。さらにそれ以外にも、人権状況に問題がある国や地域について特別報告者を任命して、調査し報告させることができました。またごく限られた場合ですが、個人通報が認められる場合には、人権委員会が審査する仕組みもありました。

これらの仕組みは、人権委員会が人権理事会に改組される際に一新され、UPRの制度がはじまりました。UPRでは、NGOが情報を提供したり、審査において発言したりすることができます。そこで、ある国が軍事行動をとった場合に、まだ民間人に被害が出ていなくても、直ちに人権理事会で議題として取り上げるようにはたらきかけることができます。それだけではなく、UPRによって、いっそう頻繁に人権侵害事件を取り上げることが可能になりました。具体的な違反状況や権利侵害状況を長期的な視野に立って報告、通報し、人権理事会で取り上げることができるのです。

（新倉修）

＊国連安全保障理事会の国際刑事裁判所への付託：ローマ規程13条（b）に、国連憲章7章「平和に対する脅威、平和の破壊及び侵略行為に関する行動」として安保理事会が国際刑事裁判所の検察官に「事態」を付託する場合、国際刑事裁判所は管轄権を行使することができる。2007年スーダンのダルフールにおける虐殺事件について、安保理事会はこの決定を下した。アメリカは国際刑事裁判所の活動を歓迎していなかったが、反対せずに棄権した。

＊世界主義（普遍主義）による裁判：ベルギーでは、人道に対する犯罪などについて、犯罪地や行為者、また被害者の国籍に関係なく、自国の刑事裁判所で訴追・処罰できる法律（1993年の国際人道法違反処罰法）があったが、イラク戦争の際に、アメリカの圧力で、改正せざるを得なくなった。また、スペインの「司法権組織法」（2005年改正）もその一例。

Q35 宣言が採択されると個人でも裁判を起こせるようになるのでしょうか？

個人が裁判を起こすのは、ふたつの場合があります。ひとつは、被害者などが救済を求めて裁判、とくに民事裁判を起こす場合です。もうひとつは、侵害が犯罪に当たるとして、処罰を求めて、告訴や告発をする場合です。

●平和への権利を達成する機関

将来、平和への権利が国際人権法に含まれるようになったり、あるいは重要な権利だと認められるようになったりすれば、人権理事会、自由権規約委員会、社会権規約委員会、拷問禁止委員会、人種差別禁止委員会、女性差別禁止委員会など、人権に関する国際機関で平和への権利に関する問題が議題に取り上げられるようになるでしょう。人権理事会以外は、それぞれ専門機関ですから、取り上げられる対象が制限される可能性はありますが、人権そのものは相互関係があるので、審議に際して取りあげることはできます。

平和への権利が国際条約になればもっと強力です。これまで重要な条約には、その履行状況を監視するための機関がつくられています。これにならうと、たとえば「平和への権利委員会」がつくられる可能性があります。委員会には各国政府から独立した専門家が委員として参加し、専門的機関として活動をはじめます。「平和への権利委員会」は、もっぱら平和への権利の履行状況について、批准した国から国別の履行

＊**国際刑事裁判所**：国際刑事裁判所は、国際犯罪にあたる場合に、裁判権をもつ国がその権限を行使しない場合、これを補完する形で刑事責任のある人を裁判する。国際刑事裁判所で裁判が行われるためには、①国際刑

状況についての報告を受けて審査したり、あるいは独自に調査をしたり、勧告したりという活動を行うようになるでしょう。

これまでの人権条約の仕組みを踏まえると、このような「平和への権利委員会」にも、個人通報制度が設けられ、平和への権利について侵害を受けた個人が、国内裁判所などの救済が受けられなかった場合には、国際的な救済を求めて、「平和への権利委員会」に個人通報を行うことができ、「平和への権利委員会」が申立てを認めて、個別的な救済を行うように勧告することも可能になります。

●期待される国際刑事裁判所

平和への権利を侵害して殺害や傷害、強制移送などの犯罪を行った場合は、刑事訴追を受ける可能性があります。したがって、被害者が告訴をしたり、ＮＧＯが告訴したりして、国際刑事裁判所*の検察官に職権で捜査を開始するように求めることができます。

１９９７年７月、ローマで開かれた会議で国際刑事裁判所規程が採択され、２００２年７月、オランダのハーグに国際刑事裁判所が発足しました。国際刑事裁判所は、集団殺害犯罪、人道に対する犯罪、戦争犯罪、侵略犯罪という重大な国際犯罪を裁く国際機関です。平和への権利の侵害がこのような国際犯罪に当たれば、当然、国際刑事裁判所が関与する可能性があります。国際刑事裁判所では、実行者の上官なども含めて国際犯罪を行った個人が、ローマ規程に基づいて刑事責任を追及されます。

（新倉修）

事裁判所の対象とする犯罪に当たること、②国内裁判所が権限を行使していないこと、③ほかの国際裁判所や国内裁判所によってすでに処罰された場合や無罪とされた場合でないことなどの条件が整う必要がある。証拠が集まらない場合や、被告人となるべき人物が確保されていない場合には、裁判は行われない。また、原則として、国際刑事裁判所規程の締約国において犯罪が行われた場合、もしくは、締約国の国民が加害者あるいは被害者である場合でなければ裁判は行われない。したがって、国際刑事裁判所のしくみには限界があることは否定できない。新しい国際機関のため、これから実績を積み重ねて権限を見直していく必要がある。

＊ハーグの国際刑事裁判所

コラム

NGOが対人地雷禁止条約の成立に果たした役割

市民やNGOが国際条約の採択に直接影響を及ぼした先例として、「対人地雷禁止条約」があります。

戦争終結後も回収されることなく残った地雷によって、世界各地で深刻な被害が続きました。そうした中、対人地雷の非人道性に注目し、これを廃止しようという運動が起こり、1993年に特定通常兵器使用禁止条約（CCW）の再検討会議が開始されました。しかし、対人地雷の必要性を主張する国ぐにと、全廃を主張する国ぐにの溝は埋まらず、結局、対人地雷の一部禁止が決定されたにとどまりました。

一方、1992年から欧米の6つのNGO団体によって開始された「地雷禁止国際キャンペーン」（ICBL）は、各国政府や議会、マスコミなどを巻き込んだ国際的キャンペーンに発展していきました。

そして、ついに独自の外交政策を打ち出そうとしていたカナダ政府を動かします。カナダ政府の呼びかけで、地雷全廃の賛成国を中心に50カ国の政府がオタワに集まり会議が開催されました。カナダの外相は期限を区切った条約締結を提起します。それを受け、NGOは政府間の橋渡しや広報などの役割を果たし、全廃に反対していた英仏や、態度を保留していた国々もつぎつぎと賛成に転じていきました。そうして1997年12月3日、122カ国の署名によって、対人地雷禁止条約が採択されたのでした。

この経過を「オタワプロセス（方式）」といいます。その後、オタワ方式は、国際刑事裁判所設立規定採択（1998年採択）、クラスター爆弾禁止条約発効（2010年）にも生かされます。

平和への権利国連宣言の採択を目指す審議も、同じようにNGOのイニシアティブによって開始され、いまも国連を動かしています。今後、国連でのNGOの役割をより強化していくことが求められます。

（笹本潤）

第4章

平和への権利と日本国憲法の関係について教えてください

Q36 日本国憲法は平和主義が基本原理になっていると聞きましたが？

日本国憲法は、民主主義、基本的人権の尊重と並んで、平和主義を基本原理として掲げています。日本国憲法の平和主義の内容は大きくわけてふたつあり、いずれも大変先駆的な内容をもっています。

●前文と9条に掲げられた徹底した非武装平和

日本国憲法が掲げる平和主義の重要な考え方のひとつ目は、非武装平和です。

国連憲章（1945年）は、「武力による威嚇又は武力の行使」を禁止（2条4項）していますが、例外的に武力行使を認めてもいます（42条、51条）。これに対し、日本国憲法は、前文において「平和を愛する諸国民の公正と信義に信頼して、われらの安全と生存を保持しようと決意」*しており、そもそも武力によって「われらの安全と生存」を守るという考えを採っていないのです。さらに、9条では、「戦争の放棄」「戦力及び交戦権の否認」*を規定しています。日本国憲法の平和主義は、国連憲章を超えた、徹底した非武装平和の考えなのです。

●平和を「権利」として宣言した前文

日本国憲法の掲げる平和主義のもうひとつの重要な考え方は、平和を人権とする考え方です。前文で「われらは、平和を維持し、専制と隷従、圧迫と偏狭を地上から永遠に除去しようと努めているゐる国際社会において、名誉ある地位を占めたいと思ふ」

＊日本国憲法前文項（抜粋）：「日本国民は、恒久の平和を念願し、（中略）平和を愛する諸国民の公正と信義に信頼して、われらの安全と生存を保持しようと決意した。われらは、平和を維持し、専制と隷従、圧迫と偏狭を地上から永遠に除去しようと努めてゐる国際社会において、名誉ある地位を占めたいと思ふ。われらは、全世界の国民

としています。つまり、日本は「平和を維持し、専制と隷従、圧迫と偏狭を地上から除去」する活動に積極的に取り組む決意を明らかにしているのです。

前文は、さらにつづけて、「われらは、全世界の国民が、ひとしく恐怖と欠乏から免かれ、平和のうちに生存する権利を有することを確認する」としています。この権利を「平和的生存権」といいます。この「平和的生存権」は、単に「戦争のない状態の下で生活する権利」だけでなく、構造的暴力（国内外の社会構造による貧困・飢餓・抑圧・疎外・差別など）のない状態（「積極的平和」、Q5参照）に生きる権利、という内容までも含んでいます。この「恐怖と欠乏から免れ……」という文言は、大西洋憲章（1941年）の「あらゆる国のあらゆる人が恐怖と欠乏から免れてその生を全うしうる（中略）ことを希望する」という文言に対応していますが、大西洋憲章が「希望する」としたものを、日本国憲法では「権利」として確認しています。すなわち、平和の問題を多数決原理で決める「政策」ではなく、多数決でも奪えない「基本的人権」として位置づけたところに、日本国憲法の先駆的な意味があります。

このように、日本国憲法の立場は、全世界の国民の「平和的生存権」を確認し、構造的暴力のない状態を実現するために積極的に取り組む、というものです。それは、武力によらない平和を実現することにもつながります。

●日本国憲法の平和主義の歴史的位置

このように、日本国憲法の平和主義は平和を実現しようとする世界の潮流を引き継ぐとともに、太平洋戦争で近隣諸国に多大な被害を与え、自らも広島・長崎などの悲惨な体験をした日本が、その反省に立ってその潮流を大きく前進させたものといえます。

（海部幸造）

が、ひとしく恐怖と欠乏から免かれ、平和のうちに生存する権利を有することを確認する。」

「われらは、いづれの国家も、自国のことのみに専念して他国を無視してはならないのであって、政治道徳の法則は、普遍的なものであり、この法則に従ふことは、自国の主権を維持し、他国と対等関係に立たうとする各国の責務であると信ずる。」

＊9条【戦争の放棄、戦力及び交戦権の否認】：

①日本国民は、正義と秩序を基調とする国際平和を誠実に希求し、国権の発動たる戦争と、武力による威嚇又は武力の行使は、国際紛争を解決する手段としては、永久にこれを放棄する。

②前項の目的を達するため、陸海空軍その他の戦力は、これを保持しない。国の交戦権は、これを認めない。

Q37 平和的生存権は平和への権利と同じ内容ですか？

●両者の相違点

日本国憲法前文の平和的生存権と平和への権利の関係を考える手がかりとして、ガルトゥングの理論（Q6参照）に立ち戻りましょう。ガルトゥングは平和を「暴力が存在しない状態」と定義します。そして暴力には三つの暴力があるとします。つまり、「構造的暴力」、「直接的暴力」、そして「文化的暴力」です。

日本国憲法の平和的生存権は、ガルトゥングの指摘する直接的暴力や構造的暴力の根絶を目的としています。平和的生存権は、近隣諸国の民衆2000万人〜3000万人、日本国民310万人という犠牲者を出した日本の侵略戦争への反省に基づいて成立した経緯があります。また、日本国憲法9条は、直接的暴力を否定するために、その主体である軍隊の存在を否定しています（Q36参照）。

一方、平和への権利では、直接的暴力、構造的暴力、文化的暴力の三つの暴力を根絶することが目的とされています。日本国憲法の平和的生存権が文化的暴力をなくすことを求めているかどうかは明確ではありません。しかし、たとえば諮問委員会草案では、「平和教育および訓練」（4条、Q18参照）のように、文化的暴力をなくすための規定を設けています。権利の主体についても、「被害者および脆弱なグループの権利」（11条、Q25参照）、「難民および移住者」（12条、Q26参照）のように、具体的に示されています。

●両者の共通点

こうしてみると平和的生存権と平和への権利の内容には違いがあるように思われるかもしれません。ただ、両者には相違点よりも重要な共通点があります。

国際社会では、悲惨な状態をもたらした二度の世界大戦を再びくり返さないとの決意から、原則として戦争や武力行使を禁止するという「武力行使の違法化」の流れがあります（国連憲章2条4項、**Q4**参照）。1946年に制定された日本国憲法の平和的生存権と、いま国連の人権理事会で議論されている平和への権利は、武力行使の違法化の延長線上にあり、国際社会での武力行使をなくすという点で、同じ目的を追求しています。さらに暴力をなくすため、平和を単なる「政策」の問題ではなく、個人や集団の「権利」としたことにも重要な共通点があります。

（**飯島滋明**）

Q 38

平和への権利は日本では必要ないという意見があると聞きますが？

●**権利主体と権利内容をより具体的に規定する平和への権利**

平和への権利が国連で採択されれば、日本国憲法前文や9条を守る運動に役立ちます。また、日本国憲法の平和主義の原理を世界に広める運動が、平和への権利を実現しようとする取組みに弾みを与えることもできます。

日本国憲法の規定にくらべ、平和への権利の方が、その権利主体や権利内容をより具体的に規定しています。たとえば、諮問委員会草案では「すべての人」（個人）を平和への権利の主体としているだけでなく、「すべての人民」（集団）も主体としています。さらに、「被害者」「弱い立場のグループ」「難民」「移住者」など、平和への権利の主体を具体的に規定しています（Q25、26参照）。権利の内容の面でも、一般原則を掲げるにとどまることなく、人間の安全保障、軍縮、平和教育・訓練、良心的兵役拒否など、保障されるべき平和への権利の内容が、具体的にきめ細かく規定されています。

さらに、諮問委員会草案は、平和への権利を保障・促進する義務を各国に確実に履行させるため、監視の機構と手続の設置をめざしています。

●**護憲運動と平和への権利採択運動は車の両輪の関係**

他方、日本国憲法の平和的生存権は、平和への権利よりも先に進んでいる部分もあります。両者は平和を構造的に捉え、権利として保障しようとする点で共通性があり、同じ方向性をもっています（Q37参照）。ただし、日本国憲法は戦争の放棄や戦力の不保持、交戦権の否認といった絶対的な平和主義をとっている点で、国連憲章の枠組みを前提とする平和への権利よりも一歩先んじています。

ところが、安倍政権はこのような先進性をもつ日本国憲法を明文改憲することで、あるいは現行憲法の解釈を変更することで、集団的自衛権の行使を可能にして日本を戦争のできる国にしようとしています。政権のこうした動きは、「戦争違法化」という国際社会の流れにまったく逆行しており、平和への権利を国連で採択することを求める世界の流れにも完全に取り残されることを意味します。

したがって、平和への権利の実現を求める運動が発展し、広範な世論を巻き起こすことが、日本の憲法改正（改悪）を阻止する力になることはいうまでもありません。裏返せば、日本の改憲を阻止することができれば、平和への権利を求める運動に大きな励ましを与えることにもなるのです。このふたつの運動は、まさに車の両輪のような関係にあるといえるでしょう。

（大熊政一）

Q39 日本の裁判所は平和主義に関する憲法訴訟でどのような対応をしてきましたか？

●裁判所の違憲審査権

日本国憲法81条は「最高裁判所は、一切の法律、命令、規則又は処分が憲法に適合するかしないかを決定する権限を有する終審裁判所である」と定めています。そして、国会が憲法に反する法律を制定したり、内閣が憲法に反する行為をしたりした場合、裁判所は憲法に反する法律や内閣の行為を「無効*」とします。裁判所のこうした役割は「違憲審査権」、または「違憲法令審査権」「違憲立法審査権」と呼ばれます。とくに最高裁判所は、法令や国家行為が憲法に違反しないかどうかを最終的に判断することから、「憲法の番人」と呼ばれます。

ただ、日本の裁判所は、法令や政府の行為などを無効とする判決をほとんど下してきませんでした。この傾向は、憲法の基本原理のひとつである平和主義の裁判で明確です。

いくつか理由があります。まず、自民党政権が長く続いたためです。憲法は内閣が最高裁判所の長官を指名し、最高裁判所のほかの裁判官を任命する（79条1項）と定めています。このため最高裁判所の裁判官には政治的に自民党に近い人物が選ばれることが多くなりました。

＊**裁判所の違憲無効判決**：日本では、国会だけが法律を制定したり廃止したりできる（憲法41条）と考えられているため、違憲無効判決が確定しても、ただちに法律が廃止されるわけではない。ただし、とくに最高裁によって「無効」とされた法律については、以降、行政機関が適用しようとしないため、実際には廃止と同等の効果をもつことが少なくない。

●司法と政治の癒着

1973年9月、航空自衛隊の基地建設をめぐる「長沼ナイキ基地訴訟*」で、札幌地方裁判所の福島重雄裁判長は、自衛隊を憲法9条違反としました。自衛隊を違憲とするはじめての判決でした。しかし、札幌高等裁判所は札幌地裁の判決を破棄し、最高裁判所は憲法判断をしないまま、訴えを棄却しました。福島裁判官はその後、昇進することができずに退官しています。自民党に政治的立場の近い裁判官で構成される最高裁判所がほかの裁判官への統制を強め、違憲判決を出せば昇進の道が閉ざされると思わせてきたことが、日本で違憲判決がほとんど出ない要因のひとつとなっています。

●統治行為論で裁判所が憲法判断を避ける

アメリカの介入も「平和主義」に関する裁判に大きな影響を与えています。

1960年3月、「砂川事件*」の裁判で東京地方裁判所の伊達秋雄裁判長は、「日米安全保障条約（日米安保条約）」は憲法9条に違反するとしました。ところが、この判決（一般に「伊達判決」といわれます）の直後、アメリカは駐日大使マッカーサー2世を通じ、当時の藤山愛一郎外務大臣、田中耕太郎最高裁判所長官に「伊達判決」を破棄するように密かに要求しました。1960年12月、最高裁判所は高度に政治的な行為については裁判所が合憲かどうかを判断するのはふさわしくないという「統治行為論」に基づき、日米安保条約が憲法に反するかどうかの判断をせず、「伊達判決」を破棄しました。

このように日本の裁判所は、平和主義という憲法の基本原理に関わる訴訟で違憲判決を下すのを避けつづけてきたのです。

（飯島滋明）

＊長沼ナイキ基地訴訟：1968年、農水相が航空自衛隊基地建設という「公益上の理由」（森林法26条）を根拠に、北海道夕張郡長沼町馬追山の保有林の指定を解除したことに対し、地域住民が、自衛隊は憲法9条に反し、基地建設のために「保有林」の指定を解除することは「公益上の理由」にならず、かえって外国からの攻撃対象となり「平和的生存権」が侵害されるとして裁判になった。

＊砂川事件：砂川基地反対闘争に関わる一連の事件の総称。1957年7月、砂川基地の拡張に反対するデモ隊の一部がアメリカ軍基地に立ち入ったとして、「日米安保条約に基づく刑事特別法」違反で逮捕起訴された。裁判では、日米安保条約のような軍事同盟的性格の強い条約を日本国憲法の下で結ぶことができるのか、できないとすれば、日米安保条約に基づく刑事特別法で被告人を処罰することはできないことから、日米安保条約の合憲性が争われた。

Q 40 日本の憲法研究者は平和の問題をどのように考えてきたのですか？

●平和的生存権は理念的な権利にすぎない？

「平和」の言葉の意味には、「やすらかにやわらぐこと。おだやかで変りのないこと」という意味もありますが、「戦争がなくて世が安穏であること」という意味もあります（以上、『広辞苑』岩波書店より）。日本の憲法研究者たちも、基本的に「平和」の意味を後者と素直に捉え、憲法の解釈を行ってきました。

憲法前文には「平和のうちに生存する権利」（平和的生存権）の規定があります。1962年、憲法学者の星野安三郎氏が「平和のうちに生存する権利」を「平和的生存権」と表現して以降、憲法学界で議論が活発に展開されました。しかし、「平和」の概念はあいまいで中身の確定がむずかしいことや、平和的生存権は国家が目指すべき目標を述べたにすぎないとする理由などから、裁判所だけでなく憲法学界でも、具体的な権利性はないと考える専門家が少なくありません*。

もちろん、積極的な考え方も数多く主張されています。その考えはいろいろですが、①9条（戦争放棄と戦力不保持）の下で生存することが平和的生存権の保障内容であり、9条違反は平和的生存権侵害になる、②9条違反が即平和的生存権侵害になるのではなく、9条違反によって国民の生命・自由が脅かされた場合に平和的生存権が侵害される、というものにわかれます。

＊裁判所の「平和」観：茨城県小川町の航空自衛隊百里基地の拡張用地の所有権をめぐり、1958年から基地反対地主と国との間で民事訴訟が行われた。この百里基地訴訟控訴審判決（東京高裁1981年7月7日判決）で、裁判所は、「平和ということが理念ないし目的としての抽象的概念であって、それ自体具体的な意味・内容を直接前文そのものから引き出すことは不可能である」と判示した。裁判所は「平和」の積極的な定義には否定的である。なお、1986年6月20日の最高裁判決でも原告の請求は棄却されたが、一坪運動など支援運動は広がり、粘り強く基地反対運動が展開された。

●平和的生存権は憲法上の権利にすぎない？

平和的生存権の内容に関しては、憲法前文に書かれた「恐怖から免かれる権利」を自由権、「欠乏から免かれる権利」を社会権ととらえ、自由権も社会権も平和が確保されてはじめて全面的に享受できると考えるものもあります。なぜなら、戦争になれば、徴兵や国家統制、反戦思想の弾圧などによって、国民の苦役からの自由や移動の自由・思想の自由・表現の自由など多くの自由権が制限されるからです。また、社会権についても同様で、社会保障の制限や戦争遂行のための教育・労働弾圧などによって、生存権や教育を受ける権利・労働基本権などが大幅に制限されます。

ただし、平和的生存権を憲法上の権利にすぎないと考えるのか、裁判上の権利*まで認めるのか。裁判上の権利であると考えても、特定の個人に限定するのか、国民全体にまで広げるのか、さらに、政府による軍隊の保持や戦争遂行、他国の戦争支援、世界の貧困問題に対処しないことまでも権利侵害といえるのか、など議論すべきさまざまな問題が存在します。専門家も市民も、平和的生存権の議論をもっと深めていく必要があります。

（清水雅彦）

＊憲法上の権利と裁判上の権利：憲法に具体的に「○○権」「○○の自由」と明示されているといっても、それだけで、「○○権」「○○の自由」侵害があったと裁判で争えるわけではない。例えば、憲法21条に規定された表現の自由は憲法21条を根拠に直接表現の自由侵害で裁判を行えるが、憲法25条に規定された生存権は憲法25条だけで直接生存権侵害で裁判を行えず、憲法25条を具体化した法律の存在（たとえば、生活保護法など）があるときに、その法律に基づく裁判の中で憲法25条が援用できると考える。このような場合、表現の自由は憲法上の権利であると同時に裁判上の権利でもあるといえるが、生存権は憲法上の権利ではあるが裁判上の権利とまではいえない。

Q41 名古屋高裁が自衛隊のイラク派兵に画期的な違憲判決を出したと聞きましたが？

●自衛隊イラク派兵差止訴訟とは

自衛隊イラク派兵差止訴訟とは、政府がイラクおよびその周辺地域に派遣した自衛隊の「派兵差止」と「違憲確認」（自衛隊派遣行為が憲法・法律に違反することの確認）などを求めた訴訟です。2004年1月の札幌を皮切りに、全国11地裁*で提訴され、原告総数は5800名、弁護団も800名を超える戦後最大規模の訴訟となりました。

政府は、イラク戦争の実態や、派兵された自衛隊の活動実態について認否もせず、「訴えの利益なし*」という主張に終始しました。平和的生存権についても「具体的権利ではない」という従来の見解をくり返すばかりでした。それでも原告は、イラク戦争の違法性や、そのイラク戦争を支持して自衛隊を派遣した日本政府への怒り、不本意にもイラク市民に対する加害者となってしまった悲しみと怒りなどを訴えつづけました。その結果、原告は、2008年4月17日、名古屋高等裁判所から、歴史に残る画期的な違憲判決*を勝ち取りました（判決は2008年5月2日に確定）。

●名古屋高裁判決内容とその意味

判決の主文は「本件控訴をいずれも棄却する」として控訴人の請求をいずれも斥けています。形の上で被告（日本政府）の勝訴判決でした。しかし、重要なことは、判決理由のなかで、裁判所が、政府と同じ憲法解釈に立ち、イラク特別措置法を合憲と

*名古屋高裁判決当日の裁判所前

*全国11地裁：札幌、名古屋、東京、大阪（2訴訟）、静岡、山梨、仙台、栃木、岡山、熊本、京都（提訴順）。

*訴えの利益なし：「訴えの利益」とは、裁判所を通じて紛争を解決する利益や必要性のこ

した場合であっても、航空自衛隊のイラクにおける空輸活動は他国による武力行使と一体化した行動であって、イラク特措法2条2項ならびに憲法9条1項に違反する活動を含んでいる、と判断したことにあります。現憲法施行後、政府が行う行為を9条違憲として確定したものとしては初めての判決でした。

平和的生存権については、現代において人権は平和なしには存立しえず、平和的生存権はすべての基本的権利の基盤にある基底的な権利である、と認定しました。その認識に立って、「例えば、憲法9条に違反する国の行為、すなわち戦争の遂行、武力の行使等や、戦争の準備行為等によって、個人の生命、自由が侵害され又は侵害の危機にさらされ、あるいは、現実的な戦争等による被害や恐怖にさらされるような場合、また憲法9条に違反する戦争の遂行等への加担・協力を強制されるような場合には、（中略）裁判所に対し当該違憲行為の差止請求や損害賠償請求等の方法により救済を求めることができる場合がある」としました。そして、「その限りでは平和的生存権に具体的権利性がある」と認定したのです。戦争に加担したくないという市民の良心が蹂躙されることは平和的生存権侵害になる、というところまで認定しました。

この平和的生存権に関する判決部分は、今後、市民が平和を求めておこなう訴訟の地平を切り拓いたという点、また、あらゆる軍事的暴力の「被害者にならない権利」だけでなく、「加害者とならない権利」も含むとした点で大きな意味があります。このように、名古屋高裁判決は、市民一人ひとりが平和を創る当事者であることを認めたのです。この点でも極めて画期的な判決*であるということができます。

（池住義憲）

と。判決を下す利益が原告側にあること。これを欠く訴えは「訴えの利益なし」として却下される。

***平和的生存権の具体的権利性をめぐる判決**：名古屋高裁判決のベースになったものとして「田近判決」がある。2007年3月23日、自衛隊イラク派兵差止・名古屋第七次訴訟で、名古屋地方裁判所（民事7部・田近年則裁判長）判決は、原告敗訴ではあるが次の4点において大きな前進をもたらすものであった。第1は、平和的生存権はすべての人権の基礎であり具体的権利性を有すること。第2は、平和的生存権を保障するものが9条であること。第3は、平和的生存権の保障の趣旨は最大限活かされるようにすること。そして第4は、間接民主制が機能していない場合に裁判所は違憲性の判断を積極的に行うべきであること、である。原告と弁護団はこの判決を評価し、歴史に残すために控訴せず、同年4月6日、判決として確定させた。

Q
42
岡山地裁は平和的生存権をより明確に認めたと聞きましたが？

●名古屋判決から岡山判決へ

2008年の名古屋高裁判決から10カ月後の2009年2月24日、岡山地方裁判所（第一民事部、近下秀明裁判長）は、岡山の自衛隊イラク派兵差止訴訟（第三次訴訟）で平和的生存権をさらに発展、充実させる判決を出しました（同年3月11日確定）。形式的には、名古屋高裁と同様に原告敗訴判決でしたが、判決文の「当裁判所の判断」の個所で平和的生存権の性格と内容についてより踏み込んだ認定がなされました。

●岡山地裁判決の三つの意義

第一の意義は、平和的生存権の裁判規範性をより強固にしたことです。

岡山地裁判決は、平和的生存権を裁判で争うことのできる憲法上の権利であると認定した3回目の判決です。判決は、「平和的生存権が「権利」であることが明言されていることからすれば、その文言どおりに平和的生存権は憲法上の「権利」であると解するのが法解釈上の常道であり、また、それが平和主義に徹し基本的人権の保障と擁護を旨とする憲法に則し、憲法に忠実な解釈である」としました。平和的生存権が裁判規範性をもつのは当然だとしたところに、岡山地裁の意義があるのです。

第二の意義は、これまで平和的生存権を否定していた論拠を徹底して論破したことです。たとえば平和的生存権の裁判規範性を否定したとされる「百里基地訴訟最高裁判決*」についても、「平和主義ないし平和的生存権にいう平和は、私法上の行為の効力の判断基準とならない旨を判示したにとどまり、平和的生存権に関しては何ら触れるところがないのであって、同判決が平和的生存権の存在やその法規範性、裁判規範性を否定したということはできないし、これに対して消極的評価をしたということもできない」と判示しました。まさにこの判決は、百里最高裁判決の「呪縛」を解く重要な判決のひとつになりました。

第三の意義は、平和的生存権の内容について具体的に例示され、名古屋高裁判決をさらに前進させたことです。判決は「平和的生存権は、(中略)機能的には徴兵拒絶権、良心的兵役拒絶権、軍需労働拒絶権等の自由権的基本権として存在し、また、これが具体的に侵害された場合等においては、不法行為法における被侵害法益として適格性があり、損害賠償請求ができることも認められるべきである」としています。平和的生存権の内容についてより踏み込んだ認定です。

徴兵拒絶権と良心的兵役拒絶権は、憲法18条(奴隷的束縛及び苦役からの自由)、および19条(思想及び良心の自由)に連動しています。軍需労働拒絶権は、軍需産業で戦争協力のための輸送や兵器生産に従事するのを拒否することも含まれるでしょう。これらのことは諮問委員会草案5条の内容と合致します(Q19参照)。つまり、国内外を問わず、国際法違反のいかなる軍事作戦や武装作戦にも「参加しない権利」「命令に従わない権利」をもっていることへと通じるのです。

もっとも、岡山地裁の判決は、自衛隊のイラク派遣自体についての憲法判断は避けました。しかし、以上の3点において意義ある判決だったといえるでしょう。

(池住義憲)

***百里基地訴訟**：茨城県百里航空自衛隊基地の拡張用地の所有権をめぐり、基地反対地主と国で争われた民事訴訟。1958年から30年余にわたって争われた。最終的に1986年6月20日の最高裁判決で原告の請求は棄却されたが、援運動は広がり、一坪運動など支援運動は広がり、粘り強く基地反対運動が展開された。

Q43 日本の平和的生存権や判決は国連宣言づくりに役立ちますか？

●日本の経験を世界に伝える

これまで紹介した日本国憲法前文の平和的生存権や、名古屋・岡山での裁判所判決は、日本だけではなく国際的にも大きな価値をもちます。

平和的生存権が憲法に書かれている国は日本しかありませんし、60年以上にわたって、平和を単なる目標や理念とするだけでなく、権利として扱ってきた国も日本だけです。しかも、実際の裁判の場では、1950年代から裁判規範として使われてきたのです。

日本では、基地周辺の住民が軍事基地から発生する戦闘機の騒音や、外国から標的にされないで平穏な生活をする権利に対する侵害が、平和的生存権の侵害として裁判で主張することができます。また、自衛隊の海外派遣のように、自国の政府が軍事行動を起こしたときにも、国民は、それに加担させられたとして、平和的生存権の侵害を訴えることができます（Q41、42参照）。このように、平和的生存権違反を世界中の市民が裁判の場で訴えることができたら、世界はもっと平和になることでしょう。

もちろん裁判の場だけでなく、日常的な政治の場でも、これらの権利の侵害やその実現を主張していくことができます。平和的生存権に関する日本の実践例を世界に発信していくことで、平和への権利（平和的生存権）が憲法に書かれていない国の市民に対しても、平和を人権とすることの有用性を示すことができます。

●全世界の国民がもつべき平和的生存権（平和への権利）

日本国憲法前文の平和的生存権の主語は「全世界の国民」となっています。一国の憲法なのに、世界の国民が平和的生存権をもつべきだと宣言しているのです。平和的生存権は、世界的に普遍的な人権であると、日本国憲法は考えているのです。これは全世界の国民を巻き込んだ第二次世界大戦の悲惨な経験によるものと考えられます。

現在のように、核兵器などの大量破壊兵器や最新兵器によって多くの人びとが殺されたり、民族紛争などで国境を超えた武力介入が行われたりする国際情勢の下では、政府にすべてを任せるのではなく、一人ひとりの人間に焦点をあてた平和に関する権利の確立が急務です。

世界を見回すと、ボリビア、コロンビアなどのラテンアメリカ諸国では、21世紀に入って以降、アメリカの支配から脱して政権交代が起こり、平和への権利の内容を憲法に取り入れるようになってきました＊。アフリカ人権憲章（1986年）やASEAN人権宣言（2012年）にも、平和への権利が取り入れられました。各国政府の動きや、世界のNGO、市民と力を合わせ、平和への権利を確立させることが重要です。そのために、日本の平和的生存権や判決の先例を伝えることが期待されているのです。

（笹本潤）

＊**平和への権利を定めた憲法：**「ボリビアは平和国家である。ボリビアは、平和の文化と平和の権利を促進し、相互理解に貢献するために、この地域と世界の人々との協力を進める」（ボリビア憲法10条、2009年）。「平和は権利であり、その遵守は義務でもある。」（コロンビア憲法22条、1991年）

コラム

「平和への権利」か「平和的生存権」か「平和における生命の権利」か

国連人権理事会の審議では、「平和への権利」や「平和的生存権」という用語以外に、「平和における生命の権利」という用語が取り上げられています。

Q3で紹介した国連総会決議「人民の平和への権利」（1984年）のほかに、1978年、「平和的生存のための社会的準備に関する宣言」がアメリカとイスラエルを除くすべての国によって国連総会で決議され（A/RES/33/73）、「平和における生命の権利」（right to life in peace）が宣言されています（アメリカとイスラエルは棄権）。この「平和における生命の権利」という用語が、現在、国連人権理事会で取り上げられているのです。

「平和への権利」はright to peace、「平和的生存権」はright to live in peaceです。どちらも似た表現ですが、国連は国際的な合意を形成する場ですので、審議の際には過去に国連で承認された表現かどうかなどが問題になるのです。

日本国憲法前文や諮問委員会草案に書かれた「平和的生存権」や「平和のうちに生きる権利」の方が、言い回しの上でもわかりやすいはずです。しかし、現段階（2014年9月）では、「平和における生命の権利」という言葉すら、国際的な合意を形成できておらず、作業部会議長の提案（2014年6月発表）では、「平和が十分実施される文脈における生命の権利」（the right to life, in a context in which all human rights, peace and development are fully implemented）などという非常に遠回しな表現になっています。

「生命の権利」（right to life）は、実は国際自由権規約6条ですでに国際人権となっている権利です。平和への権利という新しい人権を創設する場に持ち出す用語としては、極めて不十分です。国際的な合意を形成することの困難さを示すひとつの典型的な例です。

（笹本潤）

第5章

私たちにとっての平和への権利とは？平和への権利の使い方

Q44 平和への権利は市民にとってどのように役に立ちますか？

●国内外での取り組みの幅が広がる

第一に確認しておくべきことは、日本国憲法前文が明示している国際協調主義*です。「他国を無視してはならない」という考え方は、平和主義と並んで日本国憲法の基本原理のひとつとされています。ですから、平和への権利を市民が行使することは、主権者自身による平和主義と国際協調主義の具現化ということができます。

国際協調主義は国内においても重要な行動指針となります。たとえば、地域や自治体における外国人や外国機関との協働といった場面で、国際協調主義が軸となるでしょう。その前提として内外人平等と差別の禁止が実現される必要があります。

第二に、市民が平和への権利の獲得のため国内裁判所に提訴することができるようになります。日本国憲法の平和主義と平和的生存権を根拠としたこれまでのさまざまな裁判と同様、平和への権利も市民が裁判を通じて実現すべき権利となります。

第三に、市民が行政に対して、平和への権利を実現させるための積極的行動（作為）とサポート（不作為）を要求する根拠となります。

作為の例としては、自治体に平和行政を求めることがあげられます。たとえば、平和都市宣言や無防備地域宣言（Q17参照）を求め、宣言に基づいた平和行政予算の確保を要求することが考えられます。ほかにも、地域の戦争遺跡の保存や、海外との交

*国際協調主義：日本国憲法前文第三段落「われらは、いづれの国家も、自国のことのみに専念して他国を無視してはならないのであつて、政治道徳の法則は、普遍的なものであり、この法則に従ふことは、自国の主権を維持し、他国と対等関係に立たうとする各国の責務であると信ずる」

流の活性化なども平和行政の一例です。

平和教育の拡充を要求することも行政の作為を促すことです。学校教育における平和教育（Q18参照）は、多くの実践が積み重ねられていますが、平和への権利に即して、国際レベルでの平和教育の実践ができるようになります。社会教育や啓発に際しても、平和への権利の主体としての市民の育成がいっそう強く求められます。

不作為の例としては、自治体に対して平和に反する施策や措置を行わないように求めていくことがあげられます。具体的には、沖縄をはじめとする地域において、軍事基地の撤去や縮小、軍事的行動への協力の拒否、市街地における軍事訓練や軍隊行動の拒否などを自治体に求めることです。

●政府の圧政を監視・抑止するために

近年、学校の入学式・卒業式などにおいて、日の丸掲揚と君が代斉唱を義務づけ、教員に対しては起立・斉唱を強制し、生徒に対しても起立・斉唱を求めるなどの動きが強まっています。これは憲法19条が保障する思想信条の自由に対する侵害ですから、市民的不服従*の対象となります。圧制への抵抗の一局面です。しかも、日の丸・君が代の歴史には日本軍国主義によるアジア侵略という側面がありますから、市民的不服従は軍事的なものに対する拒否という性格も含まれます。兵役拒否権（Q19参照）だけではなく、より広い意味での市民的不服従ですが、平和への権利の観点から、圧制への抵抗権（Q21参照）を主張することができます。

（前田朗）

＊**市民的不服従**：政府権力による不当な命令や圧政に対して非暴力的手段で抵抗したり、拒否すること。1849年、アメリカの作家ヘンリー・ソローは不当な戦争に協力することを拒否し、戦争のための税金を納めないことを理論的に提唱し、実践した。20世紀半ば、インドを支配したイギリスに対して、マハトマ・ガンディーは非暴力抵抗運動を繰り広げた。1960年代、アメリカのマルティン・ルーサー・キングは黒人差別やヴェトナム戦争に対する抗議として市民的不服従を実践した。

Q45 平和への権利は世界各国でどのように役に立ちますか？

●平和のための裁判

平和への権利は新しい権利ですから、その使い方もこれからみんなで議論して、どんどん新しい道を切り開いていけるでしょう。運動の現場で、教育の現場で、さまざまに議論を広げることが大切です。ここでは裁判での使い方を考えてみましょう。

２００８年５月、東京（千葉の幕張メッセ）で「９条世界会議*」という大規模な平和運動の会議が開かれ、各国から平和運動家や研究者が集まりました。会議では、世界各国に日本国憲法９条があれば「裁判で活かせる」「軍隊廃止を求められる」「軍事基地反対を訴えられる」「兵役拒否の論拠を強化できる」など、いろいろな可能性について議論が交わされました。

平和への権利も同じです。コスタリカや韓国では、憲法９条がなくても平和的生存権を認める判決が出されました(Q47参照)。平和への権利が国連で採択されれば、もっと多彩な議論の手掛かりになり、各国でも提訴できるようになります。各国の政治状況や軍事的状況はさまざまですから、それぞれの国の事情に応じて具体的な使い方を検討することになります。

軍隊のある国では、平和への権利を活用して政府による軍事行動を制限し、兵役拒否を貫き、大量破壊兵器の制限・廃棄を訴えることができます。１９７３年の長沼訴

＊９条世界会議のロゴマーク

訟は自衛隊基地のための保安林伐採に反対する裁判でした（Q39参照）。イラク自衛隊派遣違憲名古屋訴訟は自衛隊の米軍協力を止める力になりました（Q41、42参照）。平和への権利は軍事基地の騒音被害を訴えるためにも使えるでしょう。武器移転（輸出入）に反対する運動にも力になるでしょう。

一方、軍隊をもたない国家*においては、将来の軍事化を阻止し、外国軍隊の駐留や通過に反対する根拠になります。

日本で積み重ねてきた平和的生存権訴訟と同じような訴訟を世界各国で展開し、平和への権利についての新しい判決を獲得することが目標です。各国の判例が積み重なれば、それをもとに国際的議論を展開することができます。

●平和外交を求める

さらに、地域の平和をつくるために平和運動が連帯し、各国政府に平和のための協調を求める根拠にもできます。たとえば、市民の立場から、隣国との紛争の平和的解決を図ったり、非核地帯条約や非武装地帯の設定を追求したりすることができます。国内運動としてだけではなく、周辺地域諸国の住民と連携することが重要です。

国内の平和運動にとっては、自国の政府に対し、国際的な場において平和の創造に向けたアクションをとるように圧力をかけるための根拠になります。自国の政府が国連安全保障理事会や国連総会でどんな主張をし、どのような投票をしているか、また、日本政府は平和的生存権と平和主義の憲法を有する国としてふさわしい発言をしているか監視する根拠になるのです。

（前田朗）

***軍隊をもたない国家**：スイスの平和運動家クリストフ・バルビーによると、現在、軍隊をもたない国家は世界に27カ国ある。太平洋のソロモン諸島、ヴァヌアツ共和国、サモア独立国、キリバス共和国など。欧州のサンマリノ、アンドラ、モナコ、リヒテンシュタイン、アイスランドなど。カリブ海地域のドミニカ国、グレナダ、セントルシア、コスタリカ、パナマなど。日本は「憲法に軍隊をもたないと書いてあるのに事実上の軍隊をもっている唯一の国」である。

Q 46

平和への権利は東アジアでどんな意味がありますか？

●東アジアの緊張を解く

東アジアは二重三重の意味で国際的な緊張をはらんだ地域です。

第一に、朝鮮半島が南北ふたつの国に分断されています。中国と台湾も分断の一種です。欧州では東西冷戦が終焉して20年が経ちますが、東アジアには冷戦型の緊張が残されています。分断や対立には長い歴史や理由があり、現在の国際情勢の下で容易に解決できることではありません。しかし、そうした分断や対立を軍事的な方法によって解決するのではなく、地道に対話を重ね、相互理解を深めることで解決することが大切です。そのためにも、平和への権利に対する理解を共有することが不可欠です。

第二に、東アジアはアメリカの世界戦略においても最重要地域のひとつとされています。アメリカは朝鮮民主主義人民共和国（北朝鮮）の体制を認めず、朝鮮戦争以来、軍事的に圧力をかけ続けてきました。日本列島と韓国に駐留するアメリカ軍の主たる目的は、北朝鮮の政治経済体制の転覆でした。途中、米朝対話が何度も試みられましたが、頓挫してきました。

近年、アメリカは朝鮮半島から中国に戦略の重点を移しています。中国経済の発展、中国軍の拡大、とくに中国海軍の成長とそれによる中台関係の変化（中国―台湾間の経済交流の深まりと軍事的な対立）などの要因の下、アメリカ軍は沖縄とグアムを中心に対中国軍事戦略を練り直しています。

このような軍事的緊張関係を、対話と相互理解による国際協調関係へ変えていくために平和への権利が役立ちます。

●日本から平和提言を

日本はアメリカとは違った意味で東アジア地域の主役です。

第一に、東アジア各国には、戦前日本の軍国主義による侵略戦争と植民地支配の傷跡がいまも残っています。「慰安婦」問題、朝鮮・中国人強制労働、七三一部隊の人体実験や細菌兵器、南京大虐殺など、議論が絶えず、緊張があおられます。

第二に、領土問題です。北方領土（対ロシア）、竹島（対韓国）、尖閣諸島（対中国・台湾）という三つの領土問題を解決できず、それどころかますます緊張の種にしてしまいました。

近年、事態は悪化する一方に思われますが、こういうときにこそ国際関係の基本原則に立ち返って、平和構築のために何ができるのかを考えるべきです。その意味で、平和への権利を基礎に、たとえば、東アジア非核地帯、東アジア非武装地帯の設定や、東アジア人権条約の採択などを検討するべきです。また、海を生活圏とする漁業民のために、領土紛争とは別に漁業権協定の逐次見直しも必要です。小さな島を紛争の場にするのではなく、相互交流の場に変える提言をすることもできます。尖閣諸島海域の地下資源が指摘されていますが、それが本当なら共同開発を進めることができます。

歴史的負債を負う日本だからこそ、平和と友好の将来を見据えて具体的な提言を試みることが望まれます。

（前田朗）

Q47 外国の裁判所が平和への権利や平和的生存権を認めた例はありますか？

●「平和への権利」を認めたコスタリカ最高裁判所憲法法廷

２００６年、コスタリカのオスカー・アリアス大統領（当時）は、核燃料の製造やウランの抽出を認可する政令を出しました。当時、日本に住んでいた弁護士のロベルト・サモラ*さんは、政令を許すことはできないという思いから、コスタリカに戻り、政令の無効を求めて最高裁判所憲法法廷に訴訟を起こしました。

２００８年、憲法法廷はアリアス大統領の政令を無効とする判決を出しました。そして、初めて「平和への権利」（el《エル》 derecho《デレチョ》 a《ア》 la《ラ》 paz《パス》）を憲法上の権利と認めました。判決文には、平和への権利は国内の人びとの権利だけではなく、国際的な権利であり、地球のあらゆる人びと、すべての人びとの権利であると書かれています。また、積極的平和の概念を採用し、単に戦争がないという状態ではなく、恐怖や欠乏からも自由であることが平和である（Q６参照）と定義しました。そして、国家の平和に対する義務に触れ、国際的に平和の重要性を主張しておきながら、武器を製造したり、武器の製造を認める法律をつくったりすることは許されないと述べています。さらに、核兵器の製造につながるウラン（核燃料）などの設計、製造、輸入、輸出、備蓄すらも禁じました。この判決は、平和への権利の運動に参加しているロベルトさんが主張したことを裁判所が受け止めたことによるものです。

***ロベルト・サモラ**：コスタリカの弁護士。国連での平和への権利の議論に参加するなど国際活動をおこなっている。学生時代、パチェコ・コスタリカ大統領がイラク戦争において米国への支持を表明したことに対し、同国の平和主義に背くものとして違憲訴訟を起こした。この訴訟でも、最高裁判所憲法法廷はロベルトさんの訴えを全面的に認めた。

●平和的生存権を認めた韓国の憲法裁判所

韓国では、2000年代に、平和的生存権をめぐるいくつかの訴訟がありました。平澤《ピョンテク》への米軍基地移転に対する違憲訴訟が代表的です。

2005年、韓国全土にある米軍基地を再編して平澤にも集中して配置する計画に対し、平澤の住民は、基地周辺に住む人びとが戦争に巻き込まれる恐れがあり、平和的生存権を侵害するとして、憲法裁判所に訴えました。原告の数は1032人にものぼりました。日本国憲法と違って、韓国憲法には「平和のうちに生存する権利」という文言はありません。しかし、裁判所は「侵略戦争に強制されず、平和的に生存することができるように国に要請する権利がある」として、平和的生存権を初めて認めました＊。

対北朝鮮、対米関係などで長く「平和」という言葉がタブーであった韓国で、平和的生存権が裁判所で認められたのは大きな意味があります。また、済州島《チェジュド》、平澤、金《キン》浦《ポ》愛《エ》妓《ギ》峯《ボン》の三地域共同で「平和への権利宣言」が採択されたり、平和運動団体と法学研究所による「平和への権利ラウンドテーブル」が開かれたり、平和への権利に関する書籍が出版されたりするなど、平和への権利についての韓国市民の関心は確実に高まっています。

●平和への権利、平和的生存権の使い方

コスタリカや韓国の裁判例は、平和への権利が国際的に認知されはじめたことを示しています。平和への権利宣言が国連で認められれば、コスタリカのような判決も多く出されることでしょう。

（高部優子）

＊平和的生存権に関する裁判所の立場変更：2007年の戦時増員演習の違憲訴訟で、憲法裁判所は「平和的生存権は侵略戦争に強制されず、平和的生存ができるように国に要請する権利であるとした2003年2月23日の決定（2005憲マ268）はこれを変更する」と立場を変えた。

Q48 平和への権利は国連人権理事会でどのように使えますか？

●人権理事会内部で

国連人権理事会は各種の人権条約や人権ガイドラインなどの規範・基準をつくる仕事をしています。そのために、いくつかの制度があります。

たとえば、特別報告者という制度があります。世界的な専門家の中から選ばれた人種差別に関する特別報告者や拷問に関する特別報告者が、世界の人権状況をモニターします。平和への権利国連宣言ができれば、平和への権利に関する特別報告者を設置するように働きかけることが重要です。

また、調査委員会があります。最近のシリアの状況に関する調査委員会のように、武力紛争状況で平和への権利が侵害されているときに調査委員会が訪問調査し、問題点を明らかにし、解決のための手がかりを探ります。

さらに、普遍的定期審査（UPR）という制度があります（Q31、34参照）。すべての国連加盟国について、人権状況を定期的に監視する制度です。その中で、女性差別、先住民族の権利、子どもの権利などとともに、平和への権利が優先的に審査されるようにはたらきかけることができます。

●「人道的介入」と「保護する責任」

武力紛争が起きた場合、国際社会の対策を主導するのは国連安全保障理事会です。

しかし、安保理は国連PKOや多国籍軍派遣など、軍事的対処を優先しがちです。

2003年3月、安保理でさえ反対する中、アメリカはそれを押し切り、一部の国々の協力を得てイラク戦争を開始しました。しかし、戦争は失敗におわり、開戦への批判も高まったことから、アメリカはその後、安保理の決議なしに独走することは避けています。イラク以外への軍事介入がなされなかったのが典型です。

軍事介入を積極的に進める際に使われるのが、「人道的介入」と「保護する責任」という議論です。1990年代、旧ユーゴスラヴィアで内戦や虐殺が起きたときに人道的介入が唱えられました。殺されそうになっている人を助けるために軍隊を投入しようという議論です。

2000年代になると、保護する責任という言葉が使われるようになりました。ジェノサイドが起きそうなときに彼らを保護するのは国際社会の責任だという議論です。緊急事態で殺されそうな人を助けるのは大切なことですから、反対することがむずかしい理屈です。しかし、軍隊を投入すれば、余計に相手を刺激して、もっとひどい虐殺につながる恐れがあります。また、保護する責任という言葉は、最初の加害国が軍事介入を強化するための方便として使用することもあります。結局、「保護する」ためにもっと強い軍隊を投入して一気に決着を図るという理屈になり、紛争はエスカレートしていきます。「保護する責任」の議論が必要な状況をつくり出さないために、日ごろから平和への権利の議論を深めていくことが必要です。

（前田朗）

コラム

平和への権利に対するさまざまな反対意見

平和への権利の成立に時間がかかっている背景には、強固な反対意見があるからです。Q29でもいくつかの反対理由を紹介しましたが、それ以外にもあります。

たとえば、(A)「現在ある国際人権を実現すれば平和は実現できる」、(B)「平和と人権の関係を議論しよう」、(C)「平和の問題は、軍縮交渉や国連機関で進めているのでそちらに委ねるべき」などです。どれももっともな意見のように思われます。しかし、「平和への権利」という新しい国際人権をつくる局面では、これらは明確な反対意見として機能します。

(A)に対しては、平和は各人権を実現するための大前提であり、平和の達成のために「平和への権利」がまず必要なのです。日本国憲法にも表現の自由など各人権が規定されていますが、それとは別に平和的生存権が規定されているのは、そのためです。

(B)の意見を表明する国ぐには、平和への権利のタイトル自体を「平和と人権の関係宣言」にすべきであると提案しています。しかし、平和への権利は1970年代から国連で議論が積み重ねられてきたのであり、その関係が密接であることはもはや明らかです。かれらの主張にしたがえば、平和への権利の創設はまた先延ばしにされるだけです。

(C)については、軍縮交渉などだけでは実際に軍縮が進まないから「平和への権利」の創設が必要なのです。「政府の行為によって戦争の惨禍が起こった」とする日本国憲法前文を想起する必要があります。

国連の審議では、このような反対意見を乗り越えて、「平和への権利」が創設されることを目指しています。そして、その時に参考となるのが、第4章で紹介した日本における平和的生存権の実践と理論の蓄積です。

なお、人権理事会の審議のようすは、国連のウエブサイト(http://webtv.un.org/)から生中継で見ることもできます。

(笹本潤)

国連人権理事会第20会期（2012年6月18〜7月6日）提出
平和への権利に関する人権理事会諮問委員会の報告書
「平和への権利宣言草案」

序文

国連人権理事会は、
互いに平和のうちに生きるという、すべての人々の共通の意思を再確認し、
また国際連合の主な目的が、国際の平和と安全の維持であることを再確認し、
国際連合憲章に定められた国際法の基本的な諸原則に留意し、
1984年11月12日の総会決議39/11が、わたしたち地球上のすべての人々が平和に対する神聖な権利を有すると宣言したことを思い起こし、
また人間および人民の諸権利に関するアフリカ憲章が、すべての人々が国内および国際の平和と安全に対する権利を有すると述べていることを思い起こし、
さらに、すべての加盟国が、その国際関係において、いかなる国の領土保全または政治的独立に対する武力の行使または威嚇は控えなければならないこと、また国際連合の目的と両立しない他のいかなる方法も抑制しなければならないことを思い起こし、
武力行使の禁止が、諸国の物質的幸福、発展および進歩にとって、ならびに国際連合によって宣言された人権および基本的自由の完全な実施にとって、第一次的な国際的必要条件であることを確信し、
武力の行使は、全面的核軍縮も含めて、遅滞なく、世界から根絶しなければならないというすべての人々の意思を表明して、

以下のとおり採択する。

第1条　平和への権利―諸原則

1　個人および人民は、平和に対する権利を有する。この権利は、人種、出身、国籍、民族もしくは社会的な出自、皮膚の色、性別、性的指向、年齢、言語、宗教もしくは信念、政治的もしくはその他の意見、経済的な境遇もしくは資産、多様な身体的もしくは精神的な機能、市民的地位、出生またはその他いかなる条件をも理由とした区別または差別なく、実施されなければならない。

2　国家は、各自におよび集合的にまたは多数国間組織の一部として、平和への権利に関して主要な義務責任者である。

3　平和への権利は、普遍的、不可分、相互依存的かつ相互関連的なものである。

4　国家は、国際関係において、武力の行使または武力行使の威嚇を放棄する法的義務を遵守しなければならない。

5　すべての国家は、国際連合憲章の原則に従い、自らが当事者となっているいかなる紛争の解決においても、平和的な手段を用いなければならない。

6　すべての国家は、国際連合憲章に定める諸原則の尊重ならびに、発展への権利および人民の自決権を含む、すべての人権および基本的自由の促進を基盤とした国際システムにおいて、国際平和の確立、維持および強化を促進しなければならない。

第2条　人間の安全保障

1　すべての人は、人間の安全保障の権利を有する。それは、積極的平和を構成するすべての要素である恐怖と欠乏からの自由を含み、また、国際人権法に準拠した、思想、良心、意見、表現、信仰および宗教の自由を含む。欠乏からの自由は、持続可能な発展への権利ならびに経済的、社会的および文化的権利の享受を意味する。平和に対する権利は、市民的、政治的、経済的、社会的および文化的な権利を含むあらゆる人権に関連する。

2　すべての個人は、いかなる種類の暴力の標的とされることなく、身体的、知的、道徳的および精神的な自らの能力を全面的に発展させることができるように、平和のうちに生きる権利を有する。

3　すべての人は、集団殺害、戦争犯罪、国際法に違反する武力の行使および人道に対する犯罪から保護される権利を有する。国家が、その管轄地内においてこれらの犯罪の発生を防ぐことができない場合には、国際連合加盟国および国際連合に対して、国際連合憲章および国際法を遵守しつつ、この責任を果たすよう求めなければならない。

4　国家および国際連合は、平和維持活動の権限の中に、民間人の包括的および効果的な保護を、優先目的として含めなければならない。

5　国家、国際組織とりわけ国際連合、および市民社会は、紛争の防止、管理および平和的解決において、女性の積極的かつ持続した役割を奨励し、紛争後の

平和の構築、統合および維持に対する女性の貢献を促進しなければならない。国内、地域および国際的な組織ならびにこれらの領域における機構において、意思決定のあらゆるレベルにおいて、女性の代表を増員しなければならない。ジェンダーの視点は、平和維持活動の中に取り入れられなければならない。

6　すべての人は、自分が属する政府に対し、国際人権法および国際人道法を含む、国際法の準則を効果的に遵守するよう要求する権利を有する。

7　不平等、排除および貧困は、平和とは両立しない構造的な暴力を発生させることから、これらをなくすための機構を発展させ強化しなければならない。国家および市民社会の活動主体はともに、紛争の調停において、特に宗教および民族またはそのいずれかに関連する紛争の調停において積極的な役割を果たさなければならない。

8　国家は、軍事および関連予算に対する民主的統制を確保し、国防および人間の安全保障の必要性と政策、および防衛と安全保障の予算編成に関する公開討論を確保し、ならびに意思決定者による民主的監督機関に対する説明責任を確保しなければならない。国家は、市民の安全保障のような、市民の視点に立った安全保障の構想を追求しなければならない。

9　国際的な法の支配を強化するため、すべての国家は、すべての国家に平等に適用されうる国際的な司法を支援し、かつ、集団殺害、人道に対する犯罪、戦争犯罪および侵略犯罪を訴追するよう努力しなければならない。

第3条　軍縮

1　国家は、武器取引の厳格かつ透明な管理、および違法な武器取引の禁止に積極的に取り組まなければならない。

2　国家は、包括的かつ実効的な国際的監視の下において、共同的および協調的な方法で、かつ合理的な期間内で、いっそう軍縮を進めなければならない。国家は、人間の安全保障を保証するために最低限必要な水準に、軍事費支出を減少させることを考慮しなければならない。

3　すべての人民および個人は、大量破壊兵器のない世界に生きる権利を有する。国家は、早急に、核兵器、化学兵器および生物兵器を含む、すべての大量破壊兵器または無差別的効果のある兵器を廃絶しなければならない。環境に被害を及ぼす武器の使用、特に放射性兵器および大量破壊兵器の使用は、国際人道法に違反し、かつ健康的な環境への権利および平和への権利に反する。このような兵器は禁止されており、早急に排除されなければならず、これらを使用してきた国家は、与えた損害をすべて修復することにより、環境を回復する義務を負う。

4　国家は、平和地帯および非核兵器地帯の創設および促進を考慮するよう要求されている。

5　すべての人民および個人は、軍縮により解放された資源を、人民の経済的、社会的および文化的な発展のために使う権利を有し、かつ特に最貧国や弱い立場のグループの需要に応じて、天然資源を公正に再分配する権利を有する。

第4条　平和教育および訓練

1　すべての人民および個人は、包括的平和と人権の教育への権利を有する。このような教育は、すべての教育システムの基礎におかれるべきであり、信頼、連帯および相互尊重に基づく社会プロセスを生み出し、ジェンダーの視点を取り入れ、紛争の平和的解決を促進し、本宣言および平和の文化に関する行動綱領ならびに多文化間の対話という枠組みの中で人間的な関係にアプローチするという新たな道へと導くものでなければならない。

2　すべての人は、その生涯を通じて、紛争の創造的で非暴力的な解決に関与するために必要とされる能力を要求し、かつ、獲得する権利を有する。これらの能力は、公式および非公式の教育を通じて獲得しうるものでなければならない。人権と平和に関する教育は、子どもが個人としても社会の活動的一員としても十全に成長しうるために、本質的なものである。平和のための教育と（子どもの）社会化は、戦争を忘れさせ、暴力から解き放ち自己を形成するために、絶対不可欠な条件である。

3　すべての人は、国際人権法に従い、好戦的または攻撃的な目的に有利となるような情報操作から保護されるために、検閲を受けることなく、さまざまな情報源からの情報にアクセスし、かつこれを受け取る権利を有する。戦争のためのプロパガンダは禁止されなければならない。

4　すべての人は、政府または民間部門による介入なしに、平和に対する権利を脅かしまたはこれを侵害するいかなる事象についてもこれを告発し、かつ、平穏な政治的、社会的および文化的活動または行動に自由に参加する権利を有する。

5　各国は、以下の項目を約束する。

(a)教科書およびその他教育的メディアから、憎悪のこもったメッセージ、歪曲、偏見および否定的な先入観を排除し、暴力の賞賛およびその正当化を禁止し、ならびに世界の主要な文化、文明および宗教に関する基本的な知識および理解を確保し、かつ、外国人排斥主義を予防するため、教育上の努力を一層すること。

(b)人権に基づくアプローチ、文化的多様性、異文化間対話および持続的発展を反映させるよう、教育および文化に関する政策を、常に見直しかつ改訂すること。

(c)女性に対して差別的な国内法および政策を見直し、かつドメスティック・バイオレンス、女性および少女の人身売買ならびにジェンダーに基づく暴力に対処する立法を採択すること。

第5条　兵役に対する良心的拒否への権利

1　個人は、良心的兵役拒否の権利を有し、かつこの権利を実効的な行使において保護される権利を有する。

2　国家は、軍隊またはその他治安機関の人員が、国際連合憲章、国際人権法または国際人道法の原則および規範に違反して、国際的または国内的を問わず、侵略戦争またはその他の武力による作戦行動に参加することを防止する義務を負う。軍隊またはその他治安機関の人員は、上記の原則および規範に明白に違反する命令に従わない権利を有する。上官の命令に従う義務により上記の義務の遵守が免除されることはなく、かつこのような命令に対する不服従は、いかなる場合においても軍法違反とされることはない。

第6条　民間の軍事および警備会社

1　国家は、固有の国軍および国防上の機能を民間契約者に外部委託することを慎まなければならない。国家は、外部委託されうる活動に関して、既存の民間の軍事および警備会社の諸機能、監督および監視に関する明確な基準によって、国内的および国際的な体制を確立しなければならない。傭兵の使用は、国際法に違反する。

2　国家は、民間の軍事および警備会社、その活動に関わる人員およびそのいかなる組織も、国際人権法および人道法に合致する正式に制定された法の下でのみ、それぞれの機能を遂行するよう確保しなければならない。このような会社およびその人員が、適用可能な国内法または国際法に違反することについて説明義務を負うことを確保するため、国家は、必要な立法、行政およびその他の措置を取らなければならない。民間の軍事または警備会社に帰属させることができるいかなる責任も、国家または諸国が負う可能性のある責任とは別個のものであり、国家の責任を排除するものではない。

3　国際連合は、他の国際機関および地域機関とともに、これらが雇用した民間の軍事および警備会社の活動を監視するための明確な基準および手続を確立しなければならない。国家および国際連合は、国家、政府間機関および国際的な非政府機関によって雇われた民間の軍事および警備会社が引き起した人権侵害について、国家および国際機関の関係および責任を強化し、かつ、明確なものにしなければならない。これには、民間の軍事および警備会社の行動によって傷つけられた個人に対する賠償を確保する適切な仕組みを作ることが含まれる。

第7条　圧制に対する抵抗および反対

1　すべての人民および個人は、圧政的な植民地支配、外国の占領または独裁者（国内圧制）による支配に対して、抵抗し、かつ反対する権利を有する。

2　すべての人は、侵略、集団殺害、戦争犯罪および人道に対する犯罪、その他普遍的に承認された人権の侵害、ならびに戦争または暴力や平和に対する権利の侵害を誘発するようないかなるプロパガンダにも、反対する権利を有する。

第8条　平和維持活動

1　平和維持使節団および平和維持活動に参加する者は、被害者が法的な手続きと救済を求めることができるようにするため、犯罪行為または国際法違反の場合における免責特権の取消しを含む、職務の遂行に関する国際連合の規則および手続きに全面的に従わなければならない。

2　軍隊派遣国は、自国派遣団の人員に対する告訴および告発を実効的かつ包括的に調査するため、適切な措置をとらなければならない。告訴告発人は、このような調査の結果を知らされなければならない。

第9条　発展への権利

1　すべての人間およびあらゆる人民は、あらゆる人権および基本的自由が全面的に実現し得るような、経済的、社会的、文化的および政治的な発展に参加し、貢献し、これを享受する権利を有する。

2　すべての人は、発展への権利ならびに経済的、社会的および文化的権利、とりわけ以下の権利を享受するものとする。

(a)十分な食料、飲料水、衛生、住居、保健、衣服、教育、社会保障および文化への権利

(b)相当な労働への権利、ならびに雇用および労働組合の結成と運営における公正な条件を享受する権利。同等の職業または職能を遂行する人の間における平等な報酬に対する権利。公平な条件に基づいて社会的サービスにアクセスする権利。休暇を取得する権利。

(c)すべての国家は、発展への権利およびその他の人権を保護し、かつ、促進するため、相互に協力する義務を負う。

3　すべての人民および個人は、貧困および社会的排除を生み出す不公正または持続可能でない対外債務の負担およびその返済の条件、または不公平な国際的経済秩序の維持などの、発展への権利の実現にとっての障害を取り除く権利を有する。国家および国際連合システムは、このような障害を取り除くために、国際および国内の両面において全面的に協力しなければならない。

4　国家は、相互に連結され、相互に補強し合うものとして、かつ互いの基盤として、平和および安全ならびに発展を追求しなければならない。包括的および持続可能な経済的、社会的、文化的および政治的な発展を促進させる義務は、戦争の脅威を排除する義務を意味し、かつこの目的を達成する上で、軍縮に向けて努力し、かつすべての人々がこのプロセスに自由かつ有意義な参加をすることができるように努力する義務を意味する。

第10条　環境

1　すべての人は、危険な人為的妨害から免れる環境を含む、安全で清潔かつ平和的な環境に対する権利を有し、持続的な発展への権利および気候変動などの環境破壊を緩和し、かつこれに適応するために国際的に行動する権利を有する。すべての人は、緩和と適応の政策による開発および実施に関して、自由かつ有意義な参加を行う権利を有する。国家は、これらの権利を保障するために、気候変動の分野における科学技術の移転を含む、共通のしかし独自の責任の原則に従って、行動を起こす責任がある。

2　国家は、利用しうる最高度の科学的証拠および気候変動へのその歴史的貢献に基づき、すべての人民が、特に人権を侵害するような気候変動の有害な影響に適応する能力を持てるようにするために、気候変動の緩和に対して共同かつ個別の責任原則に従って責任を負う。適応のための資源を有する国家は、国際連合気候変動枠組み条約に従い、気候変動に適応するための資源が不十分な国家に対して、十分な資金を援助する責任を負う。

3　国家、国際組織、企業および社会におけるその他の活動主体は、故意であるか否かに関わらず、他国に対して長期間継続または重大な影響、継続する破壊、被害または損傷を引き起こすような環境の変化を含む武力の行使が環境に及ぼす影響に対して責任を負う。

4　国家は、災害対策戦略がないことは平和への脅威になるので、その準備を含む、環境の発展および保護を確保するために必要なあらゆる措置を取らなければならない。

第11条　被害者および傷つきやすい人たちの権利

1　人権侵害の被害者はすべて、国際人権法に従い、消滅時効にかかることのなく、真実を知る権利を有し、かつ侵害された権利を回復する権利を有する。また、事実の調査を行わせ、責任を負う者の検挙と処罰を得る権利を有する。さらに、原状回復および補償の権利を含む、実効的かつ全面的な救済を受ける権利を有する。また、象徴的な救済または賠償の措置を受ける権利を有する。そして侵害が繰り返されないよう保障させる権利を有する。

2　侵略、集団殺害、外国による占領、人種主義、人種差別、外国人差別主義およびその他これらに関連する形態の不寛容またはアパルトヘイト、植民地主義および新植民地主義の被害を受けた者はすべて、平和への権利の侵害を受けた被害者として、格別の注意に値する。

3　国家は、先住民族、暴力の被害を受けた女性および自由を奪われた個人など、傷つきやすい境遇に置かれた集団に所属する人々の権利の享受を侵害するさまざまな形態の暴力の具体的な影響が十分に考慮されるよう、確保しなければならない。国家は、傷つきやすい境遇に置かれた集団に所属する人々が、このような救済策の採択に関与する権利を承認することを含む、救済の措置がとられるよ

う、確保する義務を負う。

第12条　難民および移住者

1　すべての個人は、次のような場合、差別されることなく、難民の地位を求め、これを享受する権利を有する。すなわち、人種、宗教、国籍、特定の社会的集団に属することまたは政治的意見を理由として、迫害の脅威にさらされていることについて十分な根拠がある場合であって、自分の国籍国外にいて、かつその国の保護をうけることができず、もしくは、これらの脅威のためにその国の保護を受けることを望まない場合、または国籍を有せず、かつこれらの結果、従前に居住していた国の外にいて、元の居住国に帰ることができず、もしくはこれらの脅威のために元の居住国に帰ることを望まない場合である。

2　難民の地位は、とりわけ、迫害の原因が除去された後に、および武力紛争の場合においてはその終結後に、尊厳をもって、かつあらゆる正当な保証を受けて、自分の国または出生地もしくは居住地に自発的に帰還する権利を含むものでなければならない。戦争難民および飢餓から逃れてきた難民の境遇のように、問題状況に対しては特別な考慮が払われなければならない。

3　国家は、移住者を、移住者の政策および管理の中心に置き、かつ周辺に押しやられ不利益を受けている移住者の集団の境遇について特別の注意を向けるべきである。このようなアプローチは、公共住宅の供給に関する計画、または人種差別や外国人排斥主義に対処する国家戦略など、重要な国家の行動計画や戦略計画の中に移住者を含めることを確保するものである。国家は、自国の領域内に入国し、かつ滞在する条件を決定する主権を有するが、同時に、国籍や出身に関係なく、また移住者としての地位のいかんを問わず、自国の管轄下にいるすべての個人の人権を尊重し、保護し、実現するための義務を負う。

第13条　義務およびその履行

1　平和への権利の保持、促進および履行は、すべて国家の基本的な義務であり、かつ国際連合憲章に宣言された目的および原則を実現するために国家の一致協力を調和させる最も普遍的な機関である国際連合の基本的な義務である。

2　国家は、あらゆる必要な分野において、とりわけ開発のための国際協力を推進し、そのために一層資源を提供するというこれまですでになされてきた公約を履行することにより、平和への権利の実現を達成するために協力しなければならない。

3　平和への権利を実効的かつ実践的に実現するには、国家および国際組織を超えた活動および約束が求められ、市民社会、特に学界、メディアおよび企業からの包括的かつ積極的な貢献が必要であり、ならびに、一般的に国際共同体全体からの包括的かつ積極的な貢献が必要である。

4　すべての個人および社会的機関は、本宣言を常に念頭に置きながら、国内的および国際的な漸進的措置によって、あらゆる場所において普遍的かつ効果的な承認および遵守を確保するよう、平和への権利尊重を促進する努力をしなければならない。

5　国家は、平和への権利を含む人権の侵害を防止し、人権および人間の尊厳を保護する、という二重の役割において、国際連合の実効性を強化しなければならない。特に、総会、安全保障理事会、人権理事会およびその他の権限ある機関が、国際の平和と安全に対する危険または脅威を構成しうる侵害から人権を保護するため、効果的な措置を取ることが重要である。

6　人権理事会は、平和への権利への尊重および実施を監視し、関連する国際連合の諸機関に報告するため、特別手続を設置することが求められている。

第14条　最終条項

1　この宣言のいかなる条項も、いかなる国家、集団または個人に対して、国際連合の目的および原則に反し、またはこの宣言の条項のいかなるものについても、もしくは国際人権法、国際労働法、国際人道法、国際刑事法、国際難民法の条項を否定しもしくは違反する可能性のあるいかなる活動を行いもしくは展開し、または行動を実行するいかなる権利をも与えるものと解釈されてはならない。

2　この宣言の条項は、各国の国内法に従って規定され、または適用可能な国際法から導き出される、平和への権利を効果的に実現するためにいっそうふさわしいその他いかなる規定をも、適用されることを妨げるものではない。

3　すべての国家は、誠実に、関連する立法上、司法上、行政上、教育上またはその他の措置であって、この宣言の規定を効果的に実現することを促進するために必要な措置を採択することによって、この宣言の条項を実施しなければならない。

あとがきにかえて

平和への権利国際キャンペーン・日本実行委員会は、２０１１年12月、世界キャンペーンを担ってきたスペイン国際人権法協会のカルロス・ビヤン・デュランとダヴィド・フェルナンデス・プヤナ両氏を日本に招請するために組織されました。その後、平和への権利に関する学習会の開催をはじめ、国会議員などへの宣伝・協力要請活動、パンフレットの作成などを通じて、平和への権利を国内に広める活動を続けてきました。

２０１３年10月には、ロベルト・サモラ（コスタリカの弁護士、全米法律家協会）、ミコル・サビア（イタリアの弁護士、国際民主法律家協会）を日本に招請し、公開集会を開催するとともに、参議院議員会館で院内集会を開きました。平和への権利国際キャンペーン・日本実行委員会はまた、国連人権理事会、同理事会諮問委員会、および平和への権利作業部会にも参加して、ロビー活動を行ってきました。こうした活動を通じて、平和への権利の概念は徐々に日本でも知られるようになってきましたが、まだまだ不十分です。そこで本書の出版を企画しました。

２０１２年4月、諮問委員会によって宣言草案が作成されると、同年7月、国連人権理事会では平和への権利作業部会が設置されました。以来、コスタリカ政府がその作業部会の運営をリードしてきましたが、諮問委員会草案の内容に欧米諸国が強硬に反対したため、議論は一進一退の様相を余儀なくされています。

国連での議論は先行き不透明であり、諮問委員会草案の内容が平和への権利国連宣言に反映されるかどうか予断を許しません。しかし、諮問委員会草案は、国連における平和への権利の審議のひとつの到達点であり、それを基礎として平和への権利国連宣言を実現させることを目標としてきたＮＧＯとして、本書では、あえて諮問委員会草案を基に平和への権利を紹介、解説することを選択しました。

安倍政権が憲法解釈の「変更」によって集団的自衛権行使を強引に容認しようとしています。そのような時期に、本書を世に送り出すことになりました。読者のみなさまには、平和への権利の観点からもぜひ、集団的自衛権行使への批判的検討を進めて戴ければ幸いです。

最後に、平和への権利を日本に最初に紹介した人物であり、平和への権利国際キャンペーン・日本実行委員会の中心メンバーでもあった塩川頼男氏が、本書の準備段階である２０１４年１月18日逝去しました。執筆者一同、塩川氏のご冥福を祈りつつ、本書を塩川氏に捧げます。

２０１４年9月　執筆者一同

■編著者紹介

平和への権利国際キャンペーン・日本実行委員会

国連で創設が目指されている「平和への権利」を日本に紹介・周知すること、および、日本国憲法の「平和的生存権」をめぐる日本の経験と理論を国連での審議に反映させることを目的に、平和・市民団体、学者、弁護士、市民からが集まり、2011 年 1 月設立。同年 12 月、平和への権利国際キャンペーンの中心的ＮＧＯ、スペイン国際人権法協会を日本に招聘し、大阪、名古屋、沖縄、東京でシンポジウムを開催。2013 年 10 月にもミコル・サビア、ロベルト・サモラの両弁護士を招聘し、シンポジウムを開催。学習会や署名集め、キャンペーンなどの国内活動を行うほか、国連人権理事会の審議に参加して意見書を提出するなど、国際的な活動を展開している。

共同代表：新倉修、前田朗、海部幸造
事務局長：笹本潤

［連絡先］
〒 160-0007
東京都新宿区荒木町 20-4-906
日本国際法律家協会内
電話 03-3225-1020 ／ FAX 03-3225-1025

■執筆者紹介（五十音順）

淺川和也（東海学園大学教授）
飯島滋明（名古屋学院大学准教授）
池住義憲（元・自衛隊イラク派兵差止訴訟の会代表）
大熊政一（日本国際法律家協会会長・弁護士）
奥本京子（大阪女学院大学教授）
海部幸造（弁護士）
笹本潤（弁護士）
清水雅彦（日本体育大学教授）
菅野亨一（治安維持法犠牲者国家賠償要求同盟中央本部常任理事国際部長）
高部優子（映像ディレクター・プロデューサー）
建石真公子（法政大学教授）
新倉修（青山学院大学教授・弁護士）
長谷川弥生（弁護士）
堀尾輝久（東京大学名誉教授）
前田朗（東京造形大学教授）
前田弓恵（平和力フォーラム）
武藤達夫（関東学院大学准教授）

いまこそ知りたい平和への権利48のQ＆A

戦争のない世界・人間の安全保障を実現するために

2014年10月30日　第1刷発行

編著者　平和への権利国際キャンペーン・日本実行委員会
発行者　上野良治
発行所　合同出版株式会社
東京都千代田区神田神保町1-44
郵便番号　101-0051
電話　03（3294）3506／FAX　03（3294）3509
URL　http://www.godo-shuppan.co.jp
振替　00180-9-65422
印刷・製本　新灯印刷株式会社
■刊行図書リストを無料送呈いたします。
■落丁乱丁の際はお取り換えいたします。

ISBN978-4-7726-1210-4　NDC329　210×148　